JN418637

사랑이 詩를 품다

사랑이 詩를 품다

이운룡 시집

◁ 책머리에 ▷

사랑이 詩를 품다

늦은 나이에 싱거워진 삶과 맵고 짠 인간 문제를 생각하면서 뜻밖에 사랑시가 나왔다. 흘러간 옛사랑이 아니라, 내가 느끼고 있는 오늘의 사랑이다. 사랑이 내 몸 속으로 들어와 시를 품더니 손과 손을 맞잡은 당신의 모습으로 변신하기 시작했다. 새벽에는 정신이 가장 맑게 정제된 상태라 무색계無色界의 사물도 투명하게 제 모습을 드러내준다. 이때에 떠오른 사랑과 그에 대한 느낌이나 관심을 좀더 극화시키려 집중한 결과 사랑시가 줄줄 나온 것이다. '명상록'은 아침잠에서 깨어나 명상에 잠겼던 사랑의 상대성에 관한 내용이며, 이를 곁들여 시집 읽기의 고정 관념을 깨뜨리고 진폭을 확장하려 했다.

작품 속의 '손'과 '손'은 전편에 자주 등장하는 제재이다. 팔은 한 몸에서 양어깨를 비집고 빠져나와 마음먹은 대로 손을 움직이지만, 두 손이 하나로 작용할 때에는 쉽고도 온전하게 일을 수행할 수 있다. 그럼에도 불구하고 한 몸의 두 팔과 손은 끝내 몸속에 다시 집어넣을 수 없고, 하나가 될 수도 없지 않은가! 상대적인 사랑은 완전한 통합을 지향하려 하지만, 하나가 될 수 없는 운명을 어찌하랴!

때문에 사랑은 죽을 때까지 꿈꾸어도 좋으리라. 그처럼

영원한 시간을 쪼개어 찰나보다 못한 인생을 사랑의 열정으로 산다는 것은 존재의 값이고 인간의 자유의지이며, 그에 따른 보상일 터. 그러니 사랑과 진실이 경작한 선과 미는 사람에게 허락된 생의 축복이요 삶의 에너지가 아닐까. 이러한 철부지 생각 때문에 나는 죽은 다음 날에야 철이 들지 모르겠으나 사랑을 꿈꾼다는 것은 생명을 생명답게 향유하려는 인간 역사의 위대한 창조 정신에 다름 아닐 것이다.

청소년 시절부터 나는 짝사랑을 경험했다. 그때의 가슴앓이는 유치했으나 순진했던, 그래서 나 혼자 끝낼 수밖에 없었던 울렁거림이었으므로 참 깨끗했다고 자부할 수 있다.

이 시들은 유심 무심의 감정과 어떤 대상에 관계함이 없이 인식의 선천적 가능성을 선험적으로 세공細工한 언어들이다. 음미할수록 깊은 맛이 우러날 것으로 믿는다.

선뜻 시집을 발간해 주겠다는 『한국문학예술』 발행인 박남권, 주간 이소연 시인께 끈끈한 사랑과 우정을 느끼며, 마음으로부터 따뜻한 감사를 드린다.

2011년 정초

이 운 룡

◁ 차 례 ▷

제1부 당신의 향기

제2부 마음꽃 피다

제3부 다슬기

제4부 하늘 문빗장

명상록

제1부
당신의 향기

사 과

초록 햇살 잘근잘근 씹어 삼키다 과식하여 향기가 세포마다 단단히, 촘촘하게 박혀 있다. 햇살의 붉은 향기를 아삭 베어 물어 하늘의 육질을 깨무니 하늘 맛이 상큼 달다. 하늘 맛, 햇살 맛이 달디 단 것은 사과하늘이 제 살갗 실컷 태운 천기누설 때문이다.

어쩌면 좋아!
햇살 붉은 사과하늘 속, 이 엄청난 사태의 하늘의 향기.

햇살 둥지

빈 논밭, 나뭇가지 사이에 햇살이 구겨져 있다. 상처 난 햇살 한 올씩 물어와 엮은 새 둥지는 참 따뜻하다. 팔도 없고 다리도 없고 불가능도 없다는 닉 부이치치*의 햇살, 그의 희망은 감동이다. 새는 손이 없다. 고 작은 부리로 희망을 물어와 둥지를 짓는다. 따뜻한 감동이 사는 하늘 집이다.

새 가슴에 핀 생각이 햇살이고 볍씨이고 희망일지니
작은 가슴 하나의 삶이 이 세상 햇살둥지를 짓는다.

* 팔도 없고 다리도 없이 태어난 호주의 희망 전도사.

물 집

나는 뿌리 깊은 산의 석간수로 태어났다. 먼 강바닥을 흐르면서 한 평생 물집에서 살았다. 물집을 지고 발바닥에서 손바닥으로 옮겨 다니는 동안 부풀어 오른 물소리를 터뜨리면서부터 골다공증의 뼛속까지 파고든 물소리는 해마다 자리를 옮겨 다녔다. 온몸에서 빈 울림이 새어 나오는 신음소리를 발끝으로 툭툭 차낼 때엔 집채가 한쪽으로 기우는 듯 체세포마다 물소리가 뿌지직뿌지직 비틀려 나왔다.

돋보기로 살펴보니 써먹지 못할 헛물뿐이었다.

어느 날 내 물집의 쓰디 쓴 신음소리도 어둠으로 스며들 때 있으리니.

바람이 되어

나는 몸을 지우고 바람이 되어 살얼음 밟듯 물 위를 걸어 다녔다. 하중을 없애야 했다. 때로는 진공 포장하여 정중하게 마음마저 닫아버렸다. 바람의 모세혈관이나 땀구멍은 꽝꽝 망치로 무마시켰다. 옷자락이 펄럭펄럭 스칠 땐 물낯이 심히 일그러졌다. 파도쳤다. 그럴수록 나는 속도에 뒤지지 않고 수장되지 않으려고 노상 뛸 수밖에, 나의 방향은 휘어지지 않는 직선이었다.

천천한 걸음은 이제부터다. 그런데 바람의 발이 물 속에서 빠져나오지 않는다. 바람에게도 무게가 실려 있다. 얼마나 깊이 가라앉았을까? 심연이 보일 듯하다.

당신의 향기

멀리서 당신이 다가왔을 때, 몸과 몸이 한 뼘쯤 가까워졌을 때, 이마가 달락 말락 숨 고를 때 그 사이 콸콸 흐르는 향기.

사랑이라는 향기.

손과 손을 맞잡았을 때, 반짝 몸꽃을 터뜨렸을 때, 쓰러져 몸꽃 심경心經을 읽었을 때, 몸꽃물 들어 하늘이 발개졌을 때, 그런 다음에 몸과 손이 풀어졌을 때, 천리 밖으로 멀어졌을 때 그 사이 퍼붓는 하늘의 향기.

더욱 짙은 당신의 향기.

북천北天

새벽보다 먼저 일어나 하늘을 보고 걷는다. 홀로 당신의 북쪽만 환하다. 요즈음엔 내 머리가 북천으로만 돌아간다. 마음 어딘가 해와 달이 북쪽에서 뜨고 북쪽으로 기운다.

북천, 거기에 누가 있나? 손을 까불어 부른다. 다른 손이 반짝 응답한다— 눈에 와 박히는 별빛 하나. 어떤 눈물로도 참음으로도 감출 수 없는 별빛이 심장 한복판을 파고든다.

북천에서 빠져나온 빛이 몸에 양각되었으니 하늘이 몸속에 사랑을 심은 것이다. 내 손이 커져서 하늘을 휘어 잡을 때 오리니.

눈물

눈물은 꽃이다. 마음꽃이다. 눈물이 없으면 별은 반짝이지 않고 눈물이 없으면 마음꽃은 향기를 품지 못한다. 눈물은 반짝이며 흐르는 향기이고 내가 당신에게로 흘러가는 사랑이다.

눈물은 만나서 바다가 되는 큰사랑이다. 눈물을 마음껏 흘리자. 흘려서 가슴속에 퍼 담자. 눈물이 마른 가슴은 돌이고 어둔 허공이다. 그래, 가슴이 예쁜 사람은 눈물도 아름답다. 아름다운 눈물을 퍼 담는 일은 나와 당신이 만날 수 있는 희망이다. 가슴이 넓은 사람에게는 눈물과 사랑도 많다. 그러므로 눈물은 일평생 길눈 뜨고 손잡고 갈 발을 따뜻이 적셔준다.

사랑이 시를 품다

사랑은 빛을 타고난 신의 전율이다. 신의 눈빛이 세상을 밝혀주었듯이 사랑은 빛 가운데 진화하고, 사랑은 처음부터 가슴 속 풍경을 만들어 나에게 한 생을 선사했다.

흙을 만지고 두들기다보니 청자가 나왔듯이, 물감을 비비고 치대다보니 그림이 되었듯이, 세상을 향해 양손을 흔들다보니 저절로 춤이 되었다. 소리를 만지고 다듬다보니 노래가 흘러나왔듯이, 오랫동안 사랑을 만지고 품안에 넣어 굴리다보니 나의 시가 되고 사랑이 시를 품었다.

사랑은 신의 누전이며, 당신과 나로부터 영원의 끝으로 감전된다.

말에 대한 백지의 생각

나의 백지가 말에 대하여 생각한다. 백지는 많은 말을 머금고 웅얼거리지만 한 마디도 말하지 않는다. 날마다 말을 만들어내지만 말이 없다. 말이 얼룩이 되면 어쩌나? 무엇으로 지우나? 백지는 그런 생각조차 버린다.

하지만 손때가 곱듯 손을 타서 말의 향기가 번져도 백지는 마냥 하얗기만 하다. 당신의 말이 들끓는다 해도 사랑스럽기만 하다. 시끄럽지 않고 티가 묻어 있지 않다. 당신의 말은 향기롭고 백지는 여전히 하얗다.

내가 가서 시가 되었다

수채화 한 폭을 그렸다. 강가엔 수풀, 산과 울창한 숲, 하늘엔 티눈처럼 새 한 마리 정지해 있는 전원 풍경이다. 새는 한쪽 목청이 삐었는지 온 하늘이 울리도록 노래해도 공허空虛한 소리만 컸다.

혼자 울먹인 울음이었던 것. 새를 불러내어 전령처럼 당신께 날려 보냈다. 새는 오랫동안 개봉되지 않은 말을 발목에 매달고 비밀처럼 비행하였다. 가서 내려앉은 당신의 가슴에 문신처럼 새겨진 새,

새를 지우고 보니 난해한 불립문자였던 내가 당신께 가서 사랑이 되고 시가 되었다.

내 안의 벤치

내 안의 벤치 하나 잠 못 들고 있다. 오래지 않아 떠날 때 일어설지라도 문간에 걸어둔 등불은 끄지 않으리. 벤치는 나뭇잎이 앉아도 날려버리고 멧새가 꽁지를 깝죽거려도 쫓아버리고는 저 혼자 기다림을 참아내겠지. 오래 참는 법을 가르치려는 듯 깊이 눈짓을 보내어 채근하려 하지만 나는 당신을 먼저 앉히고 싶다, 긴 세월처럼 내 안의 벤치에 등을 기대어 앉힐 수만 있다면 나는 짧은 낮꿈도 사양치 않으리.

나의 붉은 귓불을 잘근잘근 깨물어 몸꽃을 환히 보여주는 사람, 자벌레처럼 꿈으로 천리 밖 먼 길을 주름 잡아 온 당신을 만난다. 꿈처럼 당신을 어루만진다.

제2부

마음꽃 피다

꽃 기둥

붉은 꽃잎이 향기를 접고 나자 남자의 마른 봄이 먼지처럼 푸석푸석 날리더니 어느 날 갑자기 단물 올라 숲 향기를 머금었다. 그에 놀라 하늘을 들고 일어선 것을 위대한 꽃 기둥이라 하자. 전설 같지만 그런 뜨거운 꽃 기둥도 있다.

위대한, 뜨거운 꽃 기둥? 그 꽃에서는 무슨 꽃씨가 맺힐까. 그야 아들이나 딸들이지. 엉뚱한 꽃 기둥 변설이지만 꽃씨는 분명 남자의 것. 여자는 단물에 뜬 향기이고 향로이다, 꽃 기둥이 제일 좋아하는.

마애불 설화

도솔암 마애불과 만난 여인이 하룻밤 인연을 맺고는 마애불과 함께 동백꽃 숲으로 들어가 한 몸이 되었답니다. 억겁을 맺은 끈이 제 매듭 하나 풀지 못하고 이생에서야 풀었던 것. 그러자 동백꽃은 그들의 사랑을 가슴 깊이 끌어당겨 껴안았을 것입니다. 비로소 억겁 매듭 하나 '내 사랑 당신'이란 말이 봉오리 맺혀 하룻밤 사이 동백꽃 흐드러졌으니

사랑이 붉게 탄 그 날 밤엔 세상도 우주도 참 따뜻했을 것입니다. 마애불 눈썹 끝에 매달려 팔랑팔랑 흔들렸을 바람소리 휘어잡고 물어 보세요. 그들의 사랑은 억겁 인연의 매듭이었던 것을!

황산黃山 안부

오악五嶽이 모인 황산은 지금 어떻던가? 궁금하여 몇 자 적네. 날마다 산이 치마를 훌랑 벗어버리고 물이 물을 들이켜 중독되고 하늘은 눈감으니 탈이네. 사람이 사람 아니네.

영장靈長을 영장令狀 없이 영어囹圄해야 산이 폼 나고 물이 살고 하늘이 눈뜨네. 청산은 지금 어디 있는가? 집안에 있네, 안방에 있네, 아니 내 안에 있네. 청수는 지금 어디서 흐르는가? 집 안방, 내 안에 흐르네. 청천이 보이는가? 마음이 청천이네.

푸를 靑, 맑을 淸, 갤 晴, 사람이 문제네. 靑淸晴이 정답이네. 그렇지 않은가?

느슨하게 밀어주기

힘 빼고 느슨하게, 팽팽하기보다는 느슨하게 사랑을 밀어 올려주기. 꽃다발을 안겨주듯 은근살짝 손바닥에 떠 바치는 향기이게, 그리고 사랑이 넘실넘실 뛰놀도록 아주 부드럽게 당신에게 밀어주기.

줄이 끊어져 쓰러지는 줄다리기가 아니라 탑을 쌓고 깃발 흔드는 사랑이게, 지는 편에 응원하기. 사랑이 시들거나 상하지 않도록 손꽃 교감신경이 말랑말랑하게, 틀어쥐는 악력 강압이 아니라 느슨하게 풀어지는, 그러나 잡아챌수록 부풀려지는 사랑을 밀어주기.

상사화相思花, 붉게 타다

내 가슴에 꽃불을 켜놓은 당신, 어제는 환호성이더니 오늘은 속이 타서 매운 연기도 없이 붉다. 붉은 것은 뜨겁다. 어떤 손이 가슴 헤치고 꽃불을 지폈나? 마음이 탄다. 손을 대면 데어서 붉어질 것이다. 뜨거운 그리움은 모두 붉다.

불기 먹은 가슴속에선 붉은 꽃이 핀다. 꽃을 든 손과 손, 가슴과 가슴을 태우는 게 꽃불이라면, 꽃불이 사랑이며 마음이라면 당신과 나는 꽃불에 타도 좋으리. 백 번 타도 좋으리. 사랑이 가슴을 태우는 꽃불이라면….

손과 손 사이

팔과 팔, 손과 손 사이에 가슴이 있다. 가슴은 몸의 시뻘건 중심이다. 손은 서로가 가슴 쪽으로 굽어져 거리를 좁히고 벌린다. 양쪽에서 잡아당기면 틈새의 가슴은 출렁출렁 물컹해지고 사랑 하나만 강하다.

단단한 가슴이 물컹해진 것은 다 익어서 향기를 품은 징조다. 손이 서로에게 당신이라고 부르는 까닭은 향기로운 사랑 때문이다. 사랑은 당신과 나의 부피를 만든다. 이슬처럼 맺힌 사랑은 손을 타지 않아 실점했기 때문이다, 당신과 내가 다시 태어나기 위해.

마음꽃 피다

나와 당신의 팔과 손, 어디 있나? 몸을 열고 들여다보라. 마음속에 있다. 손은 마음꽃, 한 평생 향기만을 물들이고 퍼뜨리는 꽃이다. 손은 내가 당신에게로 가는 신바람이고 당신이 내게로 오는 꽃바람이다.

세상이 퍼석거릴 때 몸물을 들여 촉촉이 적셔준다. 슬픔이 넘치면 물꼬를 터주는 손, 영혼이 배고플 때 은수저로 채워 주는 손, 그러니 하늘의 손이다.

하늘은 빚지지 아니하고 빚을 갚아준다. 당신과 내가 손을 맞잡는다. 그 이상의 마음꽃, 사랑이다.

손이 나를 장악했다

몸속의 손을 빼내려니 오장육부가 줄줄이 따라 나온다. 사랑이 가슴을 파고들어 앉았기 때문일까? 당신이 나를 장악했기 때문일까? 맑은 눈물이랑 웃음, 사랑이랑 미움 등 나의 전부를. 주검이 입 맞추지 않는 한 손은 부드럽게 어루만지는 미소여야 한다.

손은 가슴에 햇볕을 너는 멍석이어야 한다. 여름밤 멍석 펴고 누워서 별들과 눈 맞춘 꽃망울을 당신과 나의 영혼에 널어놓을 하늘방석이어야 한다. 그러니 손은 사랑이며 모성이고 신성神聖이어야 한다.

꽃불을 켜들고

당신이 꽃불을 켜들고 내 몸 속으로 들어왔다, 꺾으려 하자 심장이 펄쩍 뛴다. 그 맑던 하늘도 달라붙어 소란을 피운다. 손은 하늘의 곁가지에 핀 꽃잎, 하늘꽃 아니면 손이 켜든 꽃불이다.

마음 한가운데 걸어둔다. 몸이 36.5도의 꽃불로 소란하다. 온몸이 꽃밭이고 꽃향기, 내 몸 속에 꽃불을 켠 당신은 누구이신가? 하늘이 손을 번쩍 들고 우겨댈 것이다.

나요! 나요! 나요!
내가 그랬다고, 꼭 그래야만 했다고.

우 산

우산은 하나지만 혼자가 아닌 동행을 꿈꾼다.

비에 젖은 누군가를 받아들여 짝지었던 그가

제 집 문 앞에 와서 재빨리 빠져나가고 나면

여름내 꺾인 우산살 관절마다 녹물 벌겋게 들어

헛되이 한 해의 기다림이 끝나고, 그 이듬해

다시 펴든 우산은 또 누군가와의 동행을 꿈꾼다.

가까운 거리

시간과 거리는 마음 가운데 있다. 사랑은 멀고도 가까워 하루 십리는 일년, 천리보다 가깝다. 나 = 당신은 멀지만 가깝다. 마음이 가지 않으면 아주 멀다. 지구에서 달까지의 하늘 길보다 멀다. 마음이 한 걸음이고 천리이다.

어제와 오늘, 오늘과 내일, 당신과 나 사이 사랑이 무지개를 띄운다면, 당신과 내가 건너가고 건너온다면 무지개를 건너다니는 사랑, 거기에는 시간과 거리가 없으니 당신과 나는 끝내 사랑할 수밖에.

제3부
다슬기

겹꽃은 둘이 아니다

겹꽃은 겹이라 하여 여럿이 아니다. 하나이며 둘일 뿐이다. 몸과 마음이 하나이듯 둘이 하나인 것은 사람의 겹꽃이다. 물이 되는 일, 공기가 되는 일도 선을 긋고 나누면 안 된다.

마음과 몸이 따로따로 움직일 때 겹꽃은 홑잎을 하나씩 흩날린다. 붙잡아 매지 못하고 손을 놓았기 때문이다. 그것은 중앙선을 넘어간 역 주행이다.

꽈당!

한 순간이 박살나고 공기가 빠져나간 목숨은 쭈글쭈글 흉물스런 튜브가 된다. 마음과 몸은 거울 안팎에서 마주 보는 당신과 나의 겹꽃이다. 당신과 나는 망울져 실컷 터진 겹꽃이다.

그 말이 참말이다

나의 1급 비밀을 혹시는 붉은 속마음까지 펴내 간 게 아닐까. 즐거운 일이다. 사진처럼 인화해 숨겨놓고 있으면 흠집이 나니까 비밀은 가끔 펴보는 게 좋다. 금방 터질 아름다운 폭탄 같은 비밀, 그런 사랑 하나쯤 가지는 것은 죄가 아니리.

신의 축복, 나의 부활이라면 과장일까? 당신이 손을 내저어 아니야! 하면 그뿐이지만, 그 말이 참말이다! 하고 대답하는 사람, 이제 내일엔 참말로 시작할 비밀 하나 가져도 좋으리. 사랑하는 사람아.

화전시편火田詩篇

가슴속 산골짝 불 질러 가자. 불타는 산의 밤은 아름답다. 풀 나무 바윗돌 뿌리 캐내고 마음 일구는 화전민이 되자. 씨앗 대신 사랑을 뿌리고 덮자.

사랑은 흙이 아니라 손과 마음이 키운다. 당신과 나에게도 사랑의 DNA가 있다. "뿌린 대로 거두리라." 그 말씀으로 화전은 뜨겁다. 신생의 땅, 마음의 근원이다.

가슴속 산골짝 불 질러 가자. 어둠 속에서도 사랑은 큰다. 목숨이 지고 나면 어떻게 사나? 영원한 사랑으로 산다. 사랑만이 죽음을 이기고 사는 지상주의 신의 말씀이다.

몸꽃 손

내 몸을 찢고 나온 손을 사랑한다. 나의 몸꽃! 하고 부르기엔 너무나 벅찬 손, 두 손을 들어 만세의 사랑을 삼창한다. 사랑이 깃발처럼 펄럭펄럭 길을 열어준다. 한 손을 내밀면 잡아주는 다른 손, 당기면 몸꽃이 되고 밀면 꽃받침이 되어 세상을 환히 밝히는 손, 손을 반죽하여 내 몸 속에 다시 담근다.

때가 되니 발효되어 영혼의 향기가 몸 밖으로 퍼진다, 그때 당신은 나의 손이고 몸꽃이고 사랑, 다시 사랑할 수밖에 없는 지문이고 손금이고 운명이니 아예 입 다물 수밖에.

몸꽃의 비음鼻音

손이 몸 가지라면 사랑은 몸꽃이리. 상사화를 보면 알리라. 늦가을 초록이 겨울 지나 봄, 여름 눈물처럼 기다렸다 꽃불을 놓듯이, 얼마나 기다렸기에 그리움이 온몸에 물들었을까? 심장이 터져서 비음처럼 울었으리. 그래서 사랑이 싹이 터서 꽃이 되었으리.

당신과 나의 몸, 사랑은 붉고 그리움은 초록이리. 초록이 시들 때 사랑은 꽃망울을 터뜨릴러니 마음이 하늘인 것처럼 사랑도 하늘을 찌르면 천년 묵은 그리움에서도 붉은 꽃이 피리.

어떤 다래끼

손 다래끼도 있나? 없지만 물사마귀처럼 생겨난다. 눈 다래끼는 보고 싶은 사람 못 보아 나지만 손 다래끼는 나와 당신이 손잡으려 애 닳는 손과 손에서만 생겨난다. 잡으려 하지만 아득하다. 눈은 불을 켜고 손잡아야 사랑이 보인다.

"눈에 눈물이 없으면 그 영혼엔 무지개가 없다"는 인도의 격언은 진리다. 마음에 사랑이 없으면 금방 힘이 빠진다. 손을 잡자. 잡아 늘이고 두 팔을 잇대어 맞잡자. 다래끼는 당신과 내가 심어야 할 불씨이고 타올라야 할 사랑의 불꽃이다.

보다 진지한 초법超法

몸은 죽음에 맡겨야 깨끗이 산다. 그것이 해탈이고 무소유의 완성이다. 마음 속 악취가 성악설에 있다지만 삶이란 모래 밥이므로 맛있는 영원은 사랑뿐이다.

바람이 삭으면 부러진다. 삭지 않고 불 먹은 가슴만이 하늘이 들락거리는 푸른 헛간이다. 눈귀를 열면 잡것들이 침범한다. 말문도 닫고 사랑과 마음이 입 맞춘다면 불법일까?

사랑은 죽음을 불태운다. 로미오와 줄리엣처럼 사랑은 지고한 순결이라 하늘 옷자락처럼 펄럭인다. 사랑이란 하늘이 정한 영원한 초법超法, 사랑은 영원을 먹고사는 신의 양식이다.

발 없이 뛰는 불

사랑의 불씨는 은밀하게 대이동을 꿈꾼다. 가장 뜨거운 것은 불 먹은 사랑이다. 사랑이 몸 닮았기 때문에 피 한 방울까지 핥아먹은 불꽃은 발효된 향기로 가슴을 태운다.

당신과 나를 태우는 불, 사랑은 불꽃의 절정에서 핀다. 사랑은 웃다가 울다가 벌벌 타오를 수밖에, 발 없어도 온 산을 태울 수밖에, 그 불 지나고 나면 초록이 눈뜰 수밖에, 당신과 내가 초록일 수밖에, 사랑은 마침내 불씨로 눈뜰 수밖에

그러나 사랑이란 풀뿌리 나무뿌리를 헤치고 당신과 나를 재와 섞는다. 풀 향기는 싹을 틔우고 마지막에는 사랑의 신화를 낳는다.

다슬기

전주천 시장길, 구석으로 밀려난 플라스틱 통에서 다슬기 몇 행상의 눈치를 틈타 탈출을 시도한다. 기어오르기 두세 시간, 단애를 넘으려면 또 두세 시간, 집까지 짊어진 몸을 미련 없이 내던져야 한다. 냇물까지의 이삼십 미터는 다슬기의 천릿길이다. 물소리가 아무리 끌어당겨도 몸집이 무거워 뛸 수 없는 다슬기

등을 밀어준다 해도 더욱 움츠러들 뿐, 날개를 달아주거나 첨벙 던져준다 해도, 자갈과 바윗돌 밑 은신을 도왔던 물이 끌어준다 해도, 사랑이 마음을 다해 손짓한다 해도 천리는 머나먼 길

내가 다슬기다. 둑을 뛰어내릴 용기보다 산더미 배추를 피해갈 길이 더 아찔하다. 순간에 짓밟힐 고비 수십 번, 냇물소리는 천국처럼 멀리서 들려온다. 에베레스트 산정 여덟을 넘고 산골짝을 내려가야 너는 물에 닿을 것이다.

누가 이 생을 이승과 저승으로 갈라놓으려 하나? 나도

집 지고 물소리 더듬어 간다. 다슬기의 천 걸음이 사람의 한 발치 길이보다 짧아도 천리를 가면 거기에 물이 있고 당신이 있다. 길바닥 껌처럼 주검이 찐득거려도 다슬기는 냇물을 찾아간다. 당신에게로 간다.

물소리도 옮는다

출렁이는 물소리는 남몰래 옮는다. 마음속에 저절로 옮는다. 당신의 가슴, 내 가슴속으로 아무 상처 없이 옮아 다닌다. 물소리가 방향키를 놓쳤을 때에 소리를 앓는다. 키는 당신과 나의 사랑, 새벽에 일어나 걸으면 물 앓는 소리가 목을 타고 넘어간다.

저 혼자인 물은 편도선 염증이 심하다. 물이 전하는 말은 단음 단색이지만 상처 난 물 속을 들여다보면 수억만 겹 날과 올로 짠 파문이었음을 알게 된다. 그 진동과 파장이 수면을 잔잔하게 깔았을 것이다. 실패한 혁명군은 모두 바닥에 가라앉아 자갈 우는 소리를 입에 물고 웅얼거리므로 물은 위험을 대비해 진압군을 미리 낭떠러지로 보내기도 한다.

물이 깊으면 세상도 깊어서 고요하다. 삼가 하늘을 넘보지 않고 아래만 보고 살아왔듯이, 분수는 절정에서 죽으니까 죽지 않으려 물실로 제 몸을 엮고 산다. 그처럼 깊은 물은 다 속이 차서 말이 없다. 내 가슴에서 당신의 가슴으로 소용돌이칠 뿐 그래서 물은 사랑을 바다로 푼다.

사랑의 동일성

왼손이 오른손을 잡고 속삭였다. 사랑은 이원적 동일성을 지향한다고. 손과 손, 그 사이 뜨거운 세상이 행복이다. 손은 둘이지만 하나의 사랑을 지향한다. 산이 지상의 말을 다 품고 살듯 손은 말 못할 말 하나 가지고 산다.

너와 나와의 관계로 손과 손이 틈을 좁히지 못해 애간장 타지만, 들숨 날숨이기에 두 손이 밀어 올린 분수의 절정에서 무지개를 띄워 사랑을 꿈꾼다. 깍지를 끼고 합장한 손은 가장 아름답고 가장 슬픈 손이며, 그래서 어깨에 기대어 신열을 앓는다. 사랑은 그 열병으로 녹아내리고 온몸 핏줄을 샅샅이 훑고 다닌다.

양팔은 잡지 않았어도 얼굴 쪽으로 늘 굽어져 있다. 두 팔을 내저어야 이승의 먼 끝에 가 닿을 수 있듯, 깊은 사랑만이 세상길을 열어 가는 법. 숨 멈추고 손목 묶이는 날은 슬픔과 입 맞추고 어둠에 묻힐 때이려니 아픈 사랑이여! 손이 또 다른 손을 사랑함은 한 몸으로 생의 절정에서 무지개를 띄운 너와 내가 하나이기 때문이다.

제4부

하늘 문빗장

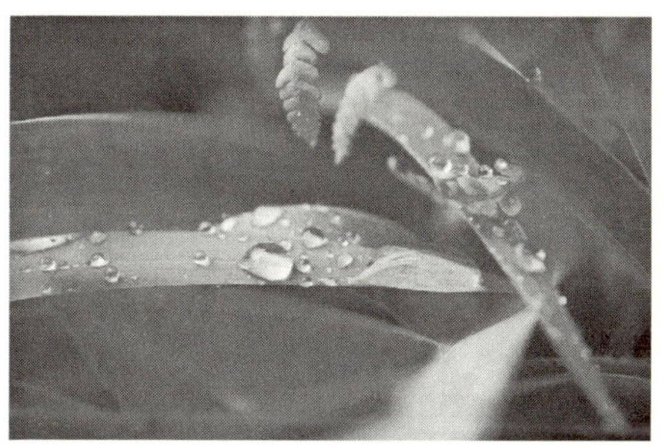

깨어나지 않는 봄

봄은 짝사랑이었다. 햇살들은 돌이끼처럼 농성 스크럼을 짜고 탁류가 범람했다. 사랑을 꽃살 무늬로 짜려는데 거센 바람이 헝클어놓는다.

지친 노독을 삭이고 생각을 접는다. 체념조차 한 겹씩 벗어버리는 동안 한때의 봄날은 저물어, 저물어 이슥한 밤, 별빛 하나 칼금을 긋고 지나간다.

낮과 밤이 한 걸음이었던 시절, 그새 무슨 일을 저질렀고 엎질러 왔던가? 눈치 챈 다른 별들이 꿈쩍 눈짓을 보낸다, 비 그친 뒤 무지개를 띄웠다 해도 생生은 결코 꿈꾸는 무지개가 아니라는 듯 이제 봄은 다시 오지 않을 것이라고.

원근법 · 1

집 마당에 산이 들어와 앉았습니다. 낮과 밤, 해와 구름도 와서 놀다 갑니다. 멀리서 찾아온 강물도 있습니다. 아, 감나무 매실나무 오밀조밀 원근이 없습니다. 이승 밖 사람들도 한두 명씩 다녀가고 앞산 가랑잎 밑 개미들도 햇볕을 쬐다 갑니다.

원근 없는 곳이 낙원입니다. 틈새가 거리를 만듭니다. 나는 머나먼 당신을 마당에서 만나 가슴과 가슴을 접골합니다. 당신의 어깨 너머 구름도 보입니다. 눈감으면 죽은 사랑도 보이는 법, 깍두기 쪽파김치를 담그는 손맛도 꽃 무릇 이식하는 손놀림도 생생해집니다.

천리가 지척입니다. 사랑이 넓이를 가지면 거리가 지워집니다. 산보다 큰 산, 강보다 긴 강이 마당에 있고, 당신이 마당 하나를 독차지하고 사는 것도 마찬가지입니다. 시간은 제 살을 먹으면서 영원히 사는지라 어제의 만남은 원천이지만 내일의 만남은 바다입니다. 그게 당신과 나의 사랑의 원근법입니다.

원근법 · 2

네모 속에 풍경 하나를 그렸습니다. 당신이 차지해서 풍경은 안 보이고 당신의 손발이 넝쿨처럼 네모 밖으로 뻗어 나옵니다. 강 건너 미루나무 아래 당신을 세우면 어떨까요? 멀리 있어 더욱 큰 당신!

원근법을 모르지 않지만 원근을 잊었습니다. 당신의 숨소리를 채색하자 네모가 터질 지경입니다. 새벽 공기에 벌겋게 덴 당신은 불빛, 불빛은 풍경을 지워버려 배경이 없습니다. 나의 얼굴도 지워졌습니다. 당신만이 나의 얼굴입니다.

사랑도 원근법을 모르는지 하늘과 산과 들, 강과 숲과 풀잎들 모두 당신의 뒤로 물러나 있습니다. 앞으로 옮겨도 풍경은 얼굴이 됩니다. 나의 감광感光은 오작동의 신경통을 앓는 걸까요? 다시 말하지만 사랑은 원근법을 모르나 봅니다.

원근법 · 3

당신이 어둠 속으로 사라진 뒤 어둠은 나의 가슴속에 사랑을 심었습니다. 눈물 젖은 꽃은 아름답지만 당신의 뒷모습은 꽃불처럼 더욱 아름답습니다.

멀리 두고 보는 당신은 빛의 영롱한 무늬일까요? 그리움이 보내온 빛일까요? 손을 휘저어도 허공임을 알아 하늘에다 빛의 무늬를 새겨봅니다. 당신의 숨결이 내 세포에 스며들고 나면 뼈가 되겠지요.

그렇게 빛의 무늬가 될 사람, 당신은 나의 뼈입니다.

마음, 짓고 허물기

마음이 꽃이고 마음이 사랑을 물들인다. 사랑 없이는 코앞도 아득히 멀다. 천리 밖 눈 내리는 소리일 뿐, 마음만이 멀고 가까운 거리를 확정한다. 그러니 마음이 길이고 목적이다.

공중의 새도 마음이 잡아챈다. 신성神聖은 사랑하는 마음속에 있다. 마음이 알을 깨고 나온다. 사랑은 순간을 딛고 영원으로 살 뿐, 사랑은 마음을 짓고 허물어버리는 거품이 아니다.

이율배반

눈은 앞을 보고 가는데 마음은 뒤를 본다. 분명히 발을 내딛는데 몸은 자꾸 뒤로 물러난다. 발과 눈이, 몸과 마음이 멀어지면서 내가 앞뒤로 분리된다. 하나의 내가 앞뒤에서 서로를 견제한다. 발과 몸은 앞길이 심난하다 하고 눈과 마음은 뒤가 점점 멀어진다고 울먹인다.

사랑은 정면에 서기보다 초면처럼 뒤로만 숨는다. 그렇게 머뭇거리며 글썽이며 사랑은 눈물로 뒤돌아보아야 하는 법. 멀리 있어도 별처럼 반짝일 때, 나는 한 옥타브 사랑을 연주할 수밖에. 그게 내 사랑, 멀고도 가까운 이율배반이다.

하늘 문빗장

바위나 산, 깊고 푸른 가슴속에서 깨끗이 숨쉬고 싶다. 그러나 바위나 산, 두드려도 열어주지 않는 고집불통이여. 해머로 패고 정으로 찍어도 미동이 없다. 하늘이 문빗장을 질러놓은 것일까. 아니 묵언黙言 동안거冬安居에 든 것일까. 가슴을 조여 꿈쩍 않는다.

다만 그대와 나, 사랑을 껴안으면 가슴 문빗장 빠끔히 향내를 풀어 주리니, 목숨은 바다를 건너갈 수 있지만 사랑은 우주를 헤엄쳐갈 수 있으리.

사랑이여! 손과 손의 따뜻한 무간無間이여! 또한 바위나 산, 끝내는 하늘에도 부끄럽지 않은 나의 무례한 사랑이여!

하늘 꽃

몸속에 사랑이 피었다. 사랑이 당신의 꽃이다. 가슴을 헤치고 심장을 훔쳐간 이후 먼 시간의 샘에서 흘러온 손이 잡아주어 피어난 사랑이다. 하늘의 뿌리에서 길어 올린 사랑이다.

몸속에서 사랑은 자라고 물소리는 향내에 젖어 넘실거린다. 사랑은 말하지 않는 법, 동맥을 따라 팔 끝에서 피었으니 손이 사랑이고 꽃이다.

나는 안다. 말을 못 배웠지만 풀들은 하늘로 고개 들어야 꽃이 핀다는 것, 바윗돌 하나에도 손을 얹어야 피가 옮아간다는 것, 그래서 바위는 숨을 쉬고 그 피도 뜨겁다. 그처럼 사랑은 강하다.

문자 메시지

당신은 얼굴이 없으나 사랑스럽다. 가슴을 들춰야 말이 보이고 소리가 들린다, 사랑은 노래다. 지난 밤 찾아온 당신의 종은 천마天馬이었을까. 땅을 딛고 앞발로 허공을 차면서 히히힝!

소리는 짧고 거칠지만 세포까지 떨렸다. 천마는 떠났지만 가슴을 열면 한 글자씩 점자로 된 당신을 읽는다.

그리하여 내가 미끼였고 낚싯줄을 던졌을 때, 온 바다가 끌려왔을 때, 늙어서야 찾고 보니 팔딱팔딱 뛰는 사랑이었어라. 싱싱한 은빛 사랑이었어라.

관 계

빛의 알갱이는 캄캄했을 것이다. 하지만 어둠과 빛의 경계를 지우지 못한 사랑은 항상 어두웠을 터.

가을 햇볕 속에는 그늘이 산다. 사랑은 빛과 그늘 틈새에 있다. 경계를 지우면 사랑만 남는다.

몸과 마음의 집, 그게 사랑이다. 하늘과 땅과 목숨이 집이고 집 없는 사람의 집이다. 사랑이 집이다. 관계는 그렇게 맺는다. 경계를 지운 틈새, 물과 얼음 사이 깊은 관계가 사랑이다.

순간과 영원의 집, 하늘과 땅 사이의 집, 그 곳에 빛지지 않은 사랑이 살고 있다. 그래서 세상은 만사형통이다.

붉은 후예

나는 애초 파충류의 후예였을 것이다. 아직도 불씨를 먹고 어둠을 배설하지만 생불이라 꺼지지 않는다. 밤의 산불은 사라져도 사랑은 맹렬히 타는 황홀, 그 아름다운 꽃불이다.

가슴속 마그마가 넘실거린다. 아름다운 것은 나와 당신의 불, 나에게로 당신에게로 번져 가는 꽃불. 도화선이 없어도 타닥타닥 옮겨 붙는 불은 뜨겁게 죽고 사랑으로 살아난다. 그리하여 억만년 바위산의 침묵도 들어올린다.

불은 더듬더듬 길 찾는 우렁이처럼 어둠을 핥아먹고 산다. 나의 불은 그래서 늘 어둡다. 불의 사랑은 어두워서 밝고 아름다운 법이니까.

명상록

아침 명상

1.

물소리나 바람소리는 스스로 소리를 내지 않습니다. 반드시 다른 장애가 있어서 장애물과 부딪쳐야 물소리나 바람소리가 납니다. 마찬가지로 사람은 사회적 동물이기 때문에 더불어 살아가노라면 갈등과 다툼이 있기 마련입니다. 가장 가까운 가족이나 친구 사이에 그러한 마찰이 자주 일어나는 현상은 바로 인간사회 구성의 단면을 여실히 보여주는 한 예가 됩니다. 그런데 갈등과 마찰을 해소해줄 요소는 무엇이 있겠습니까? 하도 많이 들어서 식상할 정도일 것입니다만 그것은 사랑과 이해와 용서일 것입니다. 사랑하면 미워도 정이 들고 실수도 다 이해가 됩니다. 악한 일, 잘못한 일도 인간임을 생각하고 용서가 됩니다. 사랑의 에너지는 무궁 무한하므로 아낄 필요가 없습니다. 사랑이 크면 클수록 더 큰 보상을 받게 마련이니까요.

아침 명상

2.

말이 씨가 된다는 속담이 있습니다. 무심코 한 말이지만 말한 대로 된다는 뜻이지요. 악담을 하는 사람은 험상궂은 악인의 얼굴로 변하고 천사의 말을 하는 사람은 천사의 얼굴로 변한다고 합니다. 참 무서운 말이지요. 말은 무의식을 깨워주는 암시입니다. 말 하나로 사람이 달라진다니 말이란, 그 사람의 영혼이 입을 통하여 생긴 대로 반영된다는 사실을 알 수 있습니다. 말소리에도 차이가 있습니다. 말소리에는 '색조 · 음색 · 의미 · 감정 등의 미묘한 차이'가 있는데 이를 뉘앙스nuance, 곧 음영陰影이이라고 합니다. "당신, 참 예쁘다!"고 말해도 어떤 색조 · 음색을 띠느냐에 따라 예쁘다고 또는 화가 치밀어 내뱉은 말이라고도 느낄 수 있습니다. 좋은 말, 아름다운 말은 나를 착하고 곱게 가꾸어줍니다.

아침 명상

3.

법정은 그의 글 「일기일회一期一會」 중에서 "모든 만남은 생애 단 한 번의 인연"이라고 말했습니다. 인연설은 고금에 걸쳐 설화나 문학 작품으로 승화되어 만남의 인연을 운명의 끈으로 표현했습니다. 에로스의 사랑도 태어나기 이전부터 남녀가 한 몸이었다가 이생에서 각기 다른 남과 여로 태어나 결혼이란 명목으로 다시 만난다고 했습니다. 만남이란 그러한 인연에 의하여 합일된다는 것입니다. 사랑하는 사람도 생애 단 한 번의 인연으로, 또는 전생의 한 몸으로서 인연을 맺어왔다고 생각할 때에 사랑하는 사람과의 인연은 자연의 법칙이라 할 수 있지요. 한 생애 일회성 생명을 영원히 다시 사는 부활의 신으로 믿는 것은 신이나 가능할 뿐 인간에게는 해당되지 않는 한계가 아닐까? 해서 우리 인간은 오늘 하루 한 순간을 충실히 살 때에 한 평생이 충실할 것이라는 성실성, 그것이 사람다운 가치이고 실천 가능한 존재 의미 이겠지요.

아침 명상

4.

망막 수술과 거듭된 전립선 수술 이후 요즈음엔 또 엿새 동안 내내 몸살을 앓으면서 기력을 잃은 채 병원 문을 들락거리면서 지냅니다. 한 곳이 아프니 덩달아 다른 곳도 아프기 시작합니다. 과거에 아팠던 곳이 기다렸다는 듯 재발하기도 합니다. 밤낮 이틀 동안 앓으면서 단 10분도 잠을 못 자고 보니 불면증 환자의 고통이 어떠한가를 헤아려볼 만합니다. 마음도 몸도 건강이 제일입니다. 건강을 잃으면 나를 잃고 이 세계를 잃는 것입니다. 내가 우주 만물만상의 주인이고 내가 절대자입니다. 나 없으면 나라와 백성을 다 준다 해도 소용없습니다. 그러니 건강을 누리면서 스스로 행복함을 느껴보세요.

아침 명상

5.

아름다운 인생이 '명품 인생'을 만듭니다. 사랑도 순수하고 아름다워야 '명품 사랑'이 가능해집니다. 세상을 보는 눈과 마음만 가지고는 부족합니다. 남다른 성실성과 긍정적 수용력, 그리고 올바른 철학과 수양인의 몸가짐 등이 종합되어 이루어집니다. 사람의 말과 행위와 마음 중 좋은 점은 겸손하게 받아들이는 마음, 그래서 자연스럽게 전승된 체질이라야 합니다. 사랑하는 사람의 마음속에 자기의 마음을 비추어 겹쳐보세요. 그리고 그 사람의 마음과 내 마음을 하트 모양으로 오려보세요. 하나같이 딱 맞을까요? 색종이 아니면 철판이라 해도 그것은 안 될 게 없지요. 하지만 사람에게는 차이가 나는 게 정상입니다. 맞을 때까지 서로 노력하고 호흡을 같이해야 하나가 됩니다. 그럴 때에 '명품 사랑'이 가능할 것입니다.

아침 명상

6.

생명은 존재의 원소이고 본질이며 궁극이고 현존입니다. 꿈과 사랑은 생의 의미이며 원동력이고 그 율동입니다. 살만하니까 꿈을 꾸고 사랑한다는 식의 여력이 아닙니다. 숨을 쉬고 있는 한 생명을 생명답게 움직이는 활력은 내일을 위한 꿈과 당신과 나를 위한 사랑에 바쳐집니다. 생명은 단 일분도 멈출 수 없는 숨쉬기이고 살아있다는 가장 확실한 증표입니다. 그러한 절대 생명의 증표가 또한 꿈과 사랑입니다. 그러니까 생명과 꿈과 사랑은 삼위일체인 것입니다. 나는 하는 일이 없어도 꿈으로 시간을 채우고 사랑으로 빈 가슴을 채우고 삽니다. 사랑은 누구나 꿈꾸는 현실 밖의 원죄에 해당합니다. 인간은 도저히 원죄에서 벗어날 수 없는 것이고 꿈과 사랑이 없이는 삶의 조건에서 자유로울 수 없습니다. 이 같은 원죄가 오늘 나를 살게 하는 생의 근원이고 삶의 역동성이며 그 효소입니다.

아침 명상

7.

인생은 사치가 아니고, 삶의 연장일 뿐입니다. 사랑은 자랑이 아니며, 더불어 사치는 더욱 아닙니다. 내가 인생을 어떻게 살았는가?라고 자문자답할 때에 후회없이 잘 살았다고 말할 수만 있다면 그것은 한 생애의 가장 값진 보람일 것입니다. 나는 이순耳順의 중반까지 빈틈없이 노력했습니다. 성실성, 그것을 밑돌로 하나하나 생의 탑을 쌓으면서 성취감으로 더욱 큰 힘을 얻었고 탑을 높게 쌓아올리자 세상이 넓어져 보였습니다. 그런 작업은 노력뿐만이 아니라 또 있습니다. 누군가를 사랑하는 마음 입니다. 사랑은 탑을 쌓는 돌이었고 힘이었습니다. 성취 감은 한때뿐이었지만 사랑은 생의 튼튼한 끈이었습니다. 그게 나를 이끄는 힘이었고 막강한 무기였습니다. 그러나 나의 사랑은 대부분 짝사랑이었습니다.

아침 명상

8.

산에, 들에 연둣빛 봄이 나무의 성장을 물들여놓고 있습니다. 싱싱한 저 빛깔, 살아 있는 생명의 숨결이 일렁이자 온 천지가 환희에 차서 넘실거립니다. 맨 처음 사랑하는 마음이 싹을 틔울 때에도 그 마음은 연둣빛이었을 것입니다. 사랑의 미래는 늙음이 없이 언제나 저렇듯 연둣빛이 이끌 것입니다.

아침 명상

9.

한겨울 고산에서 내려오다 길을 잃고 헤맬 때가 있습니다. 춥고 지치고 굶주려 조난당할 위험한 처지에 있을 때, 그 위급한 상황을 벗어나는 방법은 다시 산으로 올라가 내가 지금 어디에 있는지, 가야 할 방향이 어느 쪽인지를 조망하고 나서 다시 내려와야 살길을 찾게 됩니다. 사랑하면서 살아가는 일도 마찬가지입니다. 살다보면 사랑을 잃거나 잊어버리게 되는 것이 생활의 굴레입니다. 좋은 습관은 삶을 이끌어주지만 나쁜 습관은 나태와 무기력과 타협하여 자신과 자신의 의무와 사랑을 잃거나 잊어버립니다. 이는 삶의 지침서에서 삭제해야 할 가장 못 쓸 항목입니다. 사랑은 항상 샘물이 솟아오르듯 새로운 각성과 다짐이 필요합니다. 새로운 시작이고 새로운 만남이어야 신선합니다. 그게 영원한 사랑을 지향하는 비법입니다. 생명이 인간 존재의 절대이듯 사랑 또한 삶의 효소인 것입니다.

아침 명상

10.

당신은 시를 언제 씁니까? 시가 떠오를 때에, 또는 틈틈이 시간을 짜내서? 몰입이 잘 되는 고요한 밤에, 아니 정신이 맑은 새벽에? 영감에 의존하면 시를 쓸 수 없습니다. 내가 시를 찾아 헤매야 합니다. 이 세상엔 시가 가득합니다만 시를 찾는 이에게만 보입니다. 찾지 않고 기다리면 영영 안 옵니다. 집중된 정신의 핵을 발견할 줄 아는 게 중요합니다. 외부 세계보다 자기 자신의 내면을 향해 집중해야 합니다. 시는 정신의, 극단의, 축약의, 의식의 핵심이거든요. 잠깐 동안엔 서로 눈만 맞으면 시나 사랑은 가능합니다. 그러나 그 생명은 오래 가지 않습니다. 내 것을 주어야 나도 받을 자격이 있으니까요. 그래서 시나 사랑은 찾는 사람의 빛나 는 영적 형안에만 주어지는 가슴 벅찬 영광입니다.

아침 명상

11.

집은 삶과 사랑이 사는 보금자리입니다. 돈 없고 병들었을 때 내 집이 없다면 어디서 자고 어떻게 투병할까요? 삶이란 현실과의 타협으로 이루어집니다. 릴케는 그의 시 「가을날」에서 "지금 집이 없는 사람은 영원히 집을 짓지 못할 것입니다. 지금 홀로 있는 사람은 영원히 홀로 지낼 것입니다."라고 노래했습니다. 얼마나 가슴 아프고 슬픈 인생입니까. 영원히 집 없이 홀로 지낸다는 것은 가장 견디기 힘든 고독과 고난일 것입니다. 집이 있어도 사랑이 없어서는 안 됩니다. 단순히 잠만 자고 일어나는 집은 노숙老宿이 아니라 해도 삶의 기쁨과 희망이 없는 빈 공간입니다. 사랑은 가족을 엮어주고 행복을 가져다주므로 사랑과 행복이 함께 하는 지상천국이 내 집입니다.

아침 명상

12.

남다른 아름다움은 모든 어려운 장애와 여건을 극복했을 때 남이 흉내 낼 수 없는 값진 결과로 피어납니다. 현실의 여건에 얽매여 발버둥치고 현실을 타개할 의지가 없다면 아름다운 생은 미처 성취하지도 못한 채 손실의 아픈 후회 속에 한 평생 길을 찾지 못하고 허둥거릴 것입니다. 마음이 가는 길을 찾아가다 보면 아름다운 꿈이 거기에 있었음을 비로소 깨닫고 인생을 잘 살았다고 한숨을 놓게 될 것입니다. 지금 내 나이 많지만, 원숙한 인생을 위해 나는 항상 연애를 꿈꿉니다.

아침 명상

13.

사랑은 세상과 인간 속으로 깊이 들어가기 위한 용기입니다. 세상과 인간을 만나는 가운데 마음은 더욱 넉넉해지고 생활이 즐겁습니다. "연애할 틈이 어디 있어?" 하고 일상 때문에 제쳐놓고 사는 사람은 한 평생 무미건조하게 살다가 끝내는 후회하고 말 것입니다. 일회성 목숨을 헛되이 보내는 사람은 많습니다. 충실한 삶을 되찾아주고 의미와 가치를 깨닫게 하는 인자因子는 사랑입니다. 나를 재발견케 하는 힘은 사랑에 있습니다. 사랑하므로 몸과 마음이 더욱 강건해지고 나날의 삶이 즐거워서 하는 일마다 재미있고 흥겹습니다.

아침 명상

14.

과거를 생각해보면 아깝고 소중한 것들을 놓치고 만 날들이 한두 번이 아니지요. 소중한 기회가 다시는 오지 않을 것 같지만 언제든 찾아오기 마련이며, 찾는 사람에게만 찾아올 것입니다. 지금 하는 일이 하찮은 것 같지만 기회를 놓치고 나서 생각해보면 그것이 참으로 큰 것이었음을 깨닫고 후회하게 됩니다. 그러니까 작은 것에 소홀하면 큰 것을 놓치고 맙니다. 복이란, 복을 찾는 사람에게만 있게 마련이듯 사랑도 사랑을 찾는 사람에게만 찾아오니까요.

아침 명상

15.

사랑은 인색해도 안 됩니다. 사랑을 충분히 준다 하여 손해 보거나 나쁠 것도 없습니다. 사랑은 주고 안 주고의 문제가 아니라, 마음 가운데 있는 진실이 중요합니다. 열정은 진실의 표현이며, 진실은 사람의 가치 의식입니다. 그러나 가치를 잘못 설정하게 되면 진실을 호도糊塗하게 되어 사랑하기도 전에 절망으로 빠지고 맙니다. 사랑하는 것, 진실이라는 것은 끝내 포기할 수 없는 사람의 근본입니다.

아침 명상

16.

아픔이 없이 크는 나무는 없습니다. 아스팔트를 뚫고 혹은 자기보다 몇 만 배의 돌을 들추고 여린 잎을 밀어내는 풀잎, 손가락으로 문지르면 초록으로 으깨어지는 여린 잎, 그 놀라운 신생의 장력은 자연의 기적입니다. 풀잎, 그의 뼈아픈 몸부림을 사람들은 인지할 수 없지만, 풀잎은 전심전력으로 아픔을 이겨내고 마중 나온 지상의 햇볕과 비로소 조우하게 됩니다. 삶의 아픔이 없이 완숙할 수는 없지요. 그런 아픔은 형편과 여건에 따라 사람마다 다를 뿐 누구에게나 부닥치게 마련입니다. 죽음과의 결별, 실패와 파산, 좌절과 절망, 육체의 결함 등 치러야 할 조건은 각기 다르지만 부지기수입니다. 그 결과 삶을 배우고 사랑을 배우고 인간을 배우게 되지요. 그래서 참다운 나의 존재 의미와 가치를 발견함으로써 그 성과는 생의 값진 결과로 남게 됩니다.

아침 명상

17.

사랑의 눈짓을 보내거나 연시戀詩를 써 보내는 행위는 잘 발효된 자의식의 술 향기와 같습니다. 그것은 자신도 알 수 없는 무의식과 잠재력에 의하여 사랑의 표정을 짓게 되고 상냥한 말이 되어 나옵니다. 또한 생명의 약동이기도 하고, 내가 지금 팔팔하게 살아 있다는 현존現存의 징표이기도 합니다. 사랑의 내면을 들여다보면 거기에 참 자유가 있고, 그 자신의 진면목이 있음을 비로소 알게 됩니다.

아침 명상

18.

사랑하는 사람이 곁에 없어도 마음마저 멀어진 것은 아닙니다. 그의 사랑이 나를 더욱 인간답게 이끌어주었고, 사랑을 더욱 아름답게 밀어줍니다. 사랑은 나를 흠 없이 키웁니다. 사랑은 나의 밑그림입니다. 사랑은 동기가 순수해야 아름답고, 사랑은 순수해야 꿈이 실현됩니다. 인생이란 그 자체 순수하고 아름다운 것이었으나 세월 앞에 무릎을 꿇으면서 점점 퇴색해집니다. 본래의 나로 돌아가는 것은 위대한 재발견입니다. 사랑은 그래서 동기가 순수해야 하고, 순수한 사랑은 곧 위대한 발견의 눈이며, 나의 뜨거운 가슴속에 언제나 살아 있어야 합니다.

아침 명상

19.

사랑한다는 말은 소리 없어도 마음이 합니다. 마음이 시키며 마음이 닿을 때 나옵니다. 아침이 밝아오고 저녁이 서서히 어두워지듯 사랑은 은밀하게 진행되는 속성이 있으며, 보이지 않는 진실이어야 아픔 없이 가 닿습니다. "사랑은 주는 것이지 받는 것이 아니다."라는 말이 있지요. 사랑은 거래가 아니기 때문에 자기희생을 운명적으로 타고난 것입니다. 대승적 사랑이나 소승적 사랑 모두가 조건 없이 나를 내줌으로써 기쁨이 찾아옵니다. '사랑해요' 그 말 한 마디만으로도 경계심을 풀고 신뢰의 초입에 들어섭니다. 사랑은 어떤 경우이든 조건을 배제합니다. 그러니까 사랑은 순수한 눈 귀 입이며, 환희에 찬 가슴이고 모든 행위의 원천입니다.

아침 명상

20.

세상에는 누구에게나 그 사람만의 빛깔과 향기가 있습니다. 그래서 날마다의 삶과 주변은 어둡기도 밝기도 합니다. 서양의 어떤 사람은 이것을 “당신이라는 존재의 고유한 주파수”라고 말했습니다. 그 사람 곁에 서면 향기가 감돌기도 하고 매운 연기가 코를 싸매게도 합니다. 향기로운 사람을 만나면 나도 향기를 머금게 되고, 내 세상은 향기로 가득 찹니다. 이 세상에선 향기가 생명을 키웁니다.

아침 명상

21.

사랑은 망설이거나 주저하지 않습니다. 야구의 투수가 되어 직구直球를 던지는 행위여야 합니다. 공을 휘어서 던지는 것은 상대를 속이는 일입니다. 그것은 야구에서나 가능하고 승부勝負에 생명이 있지만 사랑은 정확히 던져서 타자打者의 방망이(가슴)에 맞아야 하는 희열이며 그에 관한 호응이고 팀워크여야 합니다. 이 때의 환희는 타자나 투수나 매한가지입니다. 야구와는 달리 그런 호응이 사랑의 묘수이고 원칙입니다. 두렵거나 망설이지 말고 사랑을 던져주어야 합니다. 사랑은 아름답고 사랑은 위대한 창조력을 가졌으니까요. 혼자 가는 것보다 동행 하면 천릿길도 멀지 않답니다. 그게 사랑의 위대한 힘이고 묘책입니다.

아침 명상

22.

석가의 몸과 마음은 한평생 전 인류를 구원의 길로 인도하였습니다. 예수도 마찬가지였습니다. 우리들 중생을 성인의 반열에까지 올려놓을 수는 없어도 몸과 마음을 잘 다스리면 최후에는 "그 사람, 참 잘 살았다"는 평판을 듣게 될 것입니다. 몸보다는 마음이 성큼성큼 앞서가고 몸이 그 뒤를 졸졸 따라가야 이상적입니다. 사랑은 마음을 들여다보는 거울입니다. 그래서 대승적 사랑이 아니라 소승적 사랑이라 해도 모든 사악한 것들을 물리쳐 삶의 곡절을 평정해야 합니다. 그래서 나는 나이를 모르고 늘 행복합니다.

아침 명상

23.

누군가를 사랑하게 되면 한 순간, 순간이 다 즐겁고 아름답습니다. 비가 울어도 좋고, 얼음이 손발을 얼려도, 넘어져 피가 나도 웃음이 나옵니다. 그렇게 누군가를 사랑하게 되면 생의 순간, 순간이 행복합니다. 순간의 절망, 이내 지나가 버릴 불행 때문에 사랑을 버리고 지나치면 남은 생을 헛되이 보낼 뿐입니다.

아침 명상

24.

나이는 대식가처럼 세월을 잘도 먹어치우는가 봅니다. 나이 들면 코미디를 보아도 웃음이 안 나옵니다. 젊은이들은 폭소를 터뜨리는데 나이 먹은 사람은 아무런 재미가 없으니 채널마저 〈세계 테마 기행〉이나 〈걸어서 세계 속으로〉, 〈동물의 왕국〉, 〈세상에 이런 일이〉 등으로 돌려버립니다. 이리저리 돌려도 취향에 맞지 않으면 그냥 꺼버립니다. 감수성이 그만큼 무디고 삭막해졌기 때문에 현실감이 없는 프로그램은 관심 밖으로 밀어내지요. 떨림과는 담을 쌓은 대신 생에 대한 무게와 깊이만 심화 되나 봅니다. 사랑도 떨림보다는 묵시默示에 익숙한 영원성 지향을 더 선호하게 되나 봐요. 사랑은 떠벌리지 않고 깊어지는 진실 그 자체이니까요.

아침 명상

25.

기도는 고개를 숙이고 나를 낮추는 행위입니다. 종교인들만 그들의 신을 위하여 기도하는 것이 아니라, 우리는 선악미추와 행불행과 소망을 위하여 기도의 성사로 귀납시키고 정화되기를 바랍니다. 기도는 나의 정성과 진실에서 비롯됩니다. 그렇게 간절히 빌고 원할 때에 진선미의 근원에 닿을 수 있습니다. 사랑의 속성에는 자애自愛도 있고 모든 생명체, 그리고 자연 사물까지 사랑하는 타애他愛도 있습니다. 사랑이란 무엇입니까? 누군가를 위한 기도라면 "사랑은 죽음보다 강하다"를 가슴 깊이 새겨야 합니다. 사랑할 줄 아는 사람은 그래서 겸손합니다. 기도와 사랑의 동일성은 진실과 정성과 겸손입니다.

아침 명상

26.

눈물과 웃음은 어디서 옵니까? 눈과 입을 통해서? 눈과 입은 전달 책임을 맡은 기관입니다. 감정의 표현은 겉보기와 다릅니다. 눈물과 웃음의 근원은 감정을 다스리는 우뇌右惱의 자장과 자동 연결되어 반영을 일으키게 하는 가슴속에 있습니다. 눈물은 슬픔을 관장하여 진실을 쏟아내고 웃음은 기쁨을 관장하여 진실을 표현합니다. 눈물을 거쳐 웃음에 이르는 과정은 참담하고 험난하지만, 그 대신 웃음은 더욱 큰 기쁨으로 성숙하게 되지요. 사랑은 저절로 성장하지 않습니다. 눈물의 쓰라림을 거쳐 사랑으로 완성됩니다.

아침 명상

27.

러시아 작가 이반 뚜르게네프는 그의 에세이 「햄릿과 돈키호테」에서 인간의 성격적 유형을 두 가지 특징으로 나누어 말한 바 있습니다. 햄릿형型과 돈키호테형型이 그것입니다. 햄릿형은 생각이 깊어서 신중하나 소심하여 망설입니다. 문제에 부딪쳐도 확신이 없어서 실천하지 못할 뿐만 아니라 우유부단하여 결단성이 없고 좋은 기회가 와도 놓쳐버리니 실천적 판단능력이 부족한 유형이 곧 햄릿형型입니다. 돈키호테형은 용감하고 정의롭고, 낙천적이며 실천적입니다. 진지하게 깊이 생각하지 않고 즉각 행동으로 옮기기 때문에 판단을 잘못하여 실수하는 일이 많습니다. 대범하고 추진력이 강하여 목적에 대한 열정과 의욕이 넘치지만 생각에 앞서 먼저 행동하기 때문에 매우 충동적입니다. 또한 현실적 판단 능력이 부족하여 과대망상증에 빠진 실천형이 곧 돈키호테형型입니다. 이러한 극단적인 성격과 두 가지 유형은 장단점이 있습 니다. 생각할 뿐 실천하지 않는 우유부단한 성격이나 생각이 곧 실천이라는 과대망상증 성격은 다 같이 후회만을 남기고 비극적인 결과를 초래하리라는 인과론을 그 단점으로 지적할 수 있습니다. 생각하나 실천하지 않는 것보다는 생각하여 실천하는 것이 좋고, 행동으로 옮기지만 신중하게 생각하여 실천하는 것이 좋겠지요. 다시 강조하면 이 두 가지 상반된 장단점을 조화시켜, 생각하되 그것이 옳다면 실천하는 성격이 가장 이상적인 인간형일 것입니다. 사고력이 깊고 지식이 풍부하여 어떤, 무엇을 잘 안다고 해도 말하지 않으면 잘 아는 것이 아니라 아주 모르는 사람입니다. 알면 말하고 믿으면 실천하는 사람이 지성인입니다.

아침 명상

28.

사랑한다는 것은 고통을 감수하겠다는 선언이어야 합니다. 사랑은 야누스의 얼굴처럼 이원론적 자기동일성이 있기 때문에 아픔이 없는 사랑은 진정한 사랑을 실현할 수 없으니까요. 사랑은 장애와 아픔을 통해서 더욱 공고히 다져집니다. 아픈 몸은 의사의 주사와 칼과 바늘로써 치유되고, 환자는 그러한 고통을 통해서 백년 건강을 누립니다. 사랑은 고통을 극복함으로서 기쁨을 얻는 데 의미가 있으며 동시에 생을 건강하게 누릴 보약이기도 합니다. 그러한 과정은 삶의 통과의례이고, 생의 보람을 위해 값을 치를 운명적인 업業이며, 그 동력이 되기도 합니다. 그래서 사랑은 헌신의 미덕을 원칙으로 실천하게 됩니다. 내가 먼저 사랑해야 당신도 나를 사랑할 테니까요.

아침 명상

29.

늘 하는 일도 처음 시작하는 마음으로 돌아가야 생활이 즐겁고 재미있습니다. 처음에는 작고 시시한 것이었으나 나중에 보면 큰 것이었음을 새삼스럽게 깨닫고 성취감을 맛볼 수 있으며, 그 열매 또한 크고 답니다. 사랑하는 사람끼리도 일상생활로 오래 이어지다 보면 습관성으로 전락하기 쉽습니다. 그럴 때에 최초 만남의 떨림과 설레는 마음으로 재조정하고 방향의 키를 잡아 돌려야만 최초의 순수 신선한 사랑으로 복원됩니다. 그것은 저절로는 안 되고 서로 노력해야 합니다. 자아 성찰의 시간이란 언제나 주어져 있고 겸손한 마음만 가진다면 언제든지 가능하니까요.

아침 명상

30.

사랑은 그 감정의 진폭이 크지만 통제력도 사랑이 조율합니다. 사랑은 고민을 초래하는 병적 증상이라고 말하는 사람이 있으나 그것이 진정한 사랑이라면 사랑이 감당해야 할 운명일 것입니다. 사랑은 모든 것을 극복할 때에 고귀하고 위대한 것입니다. 유기체는 종족을 위해 그들의 앞길을 막는 악조건을 극복해냅니다. 인간 역시 사랑을 위해 자기 자신을 희생합니다. 이 세상에서 사랑을 거부할 사람은 아무도 없을 것입니다. 사랑을 갈망하는 사람은 많습니다. 말하지 않아도 그 내면에는 사랑을 받아들일 준비가 되어 있습니다. 사랑하면 사람이 금방 달라집니다. 그래서 사랑은 가장 아름답고 고귀한 생명의 진수입니다.

아침 명상

31.

명상에 잠기는 아침은 내 영혼에 우물을 파고 하루의 갈증을 해결해줄 샘물 같은 시간입니다. 그런 시간은 지하수가 몇 억 년을 기다렸다가 나를 찾아온 듯합니다. 지하수는 땅속 어둠과 바위를 뚫고 비로소 나의 몸속으로 솟아오른 것입니다. 그래서 하루의 명상은 영혼을 맑고 깨끗이 정화시킵니다. 날마다의 삶은 순도가 높고 넉넉하게 출렁입니다. 이제 사랑도 내 영혼의 우물 속에서 첨벙거립니다. 다만 수맥이 끊이지 않게 좀더 깊이 우물을 파야겠지요. 당신의 영혼이 흘러들어 왔을 때 이미 내 영혼의 샘물은 넘치기 시작했고, 하루는 날마다 새로운 얼굴로 다가올 것입니다.

아침 명상

32.

삶의 자양은 넘쳐도 모자라도 안 됩니다. 넘쳐도 부족하다고 생각하는 유기체가 사람이니까요. 그것은 욕망과 자기 향상성向上性 때문입니다. 욕망이 지나치면 죽음으로 떨어집니다. 모자라는 것보다 해롭고 남까지 해칩니다. 그런데 아무리 넘쳐도 해롭지 않고 좋은 게 있습니다. 사랑입니다. 주는 것이 '사랑의 속성'입니다. 사랑은 당신과 나를 위한 존재의 원천입니다. 그래서 사랑은 위대한 역사를 창조합니다.

아침 명상

33.

엘리자베스 테일러는 보석과 명성으로 살았지만 누군가의 '진실한 마음과 사랑'이 필요했다고 했습니다. 보석은 외식外飾에 불과하지만 진실과 사랑은 인간 본연의 인격이고 가장 소중한 가치입니다. 일시적인 것들은 상대적 가치를 지향하나 영원한 것들은 본질적 가치를 지향합니다. 보석이나 의복은 없어도 있어도 그만이고, 없다가도 있고 있다가도 없어지는 것들이지요. 인격은 절대의 조건이고 사람을 사람답게 하는 본질입니다. 사랑하므로 행복했다면 최고의 삶을 누린 사람이지요. 사랑은 진실해야 하고 거짓은 용납이 안 됩니다. 사랑하는 마음이라면 그것은 진실입니다.

아침 명상

34.

'세상을 바꾸는 에너지 법칙'은 자신의 힘이 부친다고 생각되는 일을 해야 더 큰 힘이 생긴다 합니다. 좋은 일, 성공적인 일은 모두 힘들지 않은 일이 없습니다. 목적이 불리하게 돌아갈 때에 고난을 극복하고 성취하는 사람이 세상과 자기를 바람직하게 바꾼다는 이치입니다. 주마가편走馬加鞭이라는 말이 있지요. 서 있는 말은 채찍질해도 움직이지 않지만 달리는 말에 속도와 힘을 더 내라고 채찍을 댄다는 말입니다. 그래서 나를 바꾸는 에너지 법칙은 끊임없는 도전 정신과 그 실천에 있을 것입니다. 사랑하는 사람과의 관계도 힘이 부친다고 포기하면 사랑과 자기를 바꿀 수 없습니다.

아침 명상

35.

세상을 오래 살다보면 달라진 자기 자신을 깨닫게 됩니다. 심미적 감수성은 점점 쇠퇴하는 반면 이성적 판단만 예민해지기 때문일 것입니다. 그래서 현실적 가치로 재단하고 판단하고 평가하는 경향이 뚜렷이 나타납니다. 성격도 부드러움보다는 딱딱하게 굳어져서 사실적, 현실적 가치에 경도됩니다. 늙어서 어린아이로 돌아간다면 차라리 다행스럽지만 아집과 고집과 자기주장만을 앞세우는 경우엔 사람과 사람 사이를 벌려놓는 결과만을 초래합니다. 이럴수록 부드러워야 하고 고집을 죽이고 겸손해야 합니다. 그래야만 인생이 덜 외롭고 평안해집니다.

아침 명상

36.

한 집에서 먹고 자고 일하며 오래 살다보면 부부의 얼굴이 닮아져서 여러 부부를 섞어놓고 짝을 찾았을 때 대개는 맞아떨어집니다. 서로의 정신과 생각, 행위와 관습 등 생활 일체가 집안의 가풍을 이루면서 평생의 동반자가 될 때, 자연히 외모까지 닮아져 있음을 확인하게 됩니다. 사람의 개성과 외모는 천차만별이지만 부부간의 공통분모는 사랑으로 모아집니다. 생활과 사랑을 공유할 때 저절로 형태까지 변화됩니다. 부부는 외적 조건이 중요한 게 아니라 사랑이 원칙이고 최선의 조건입니다.

아침 명상

37.

요즈음의 '바보들'은 책임을 전가하기보다는 내 탓으로 돌리는 사람들이 많은 것 같습니다. 가톨릭에서는 모든 책임을 "내 탓이오" 하고 통회합니다. 진실과 겸손의 수양인도 내 탓으로 돌릴 것입니다. 그들이 진정 바보라서 그럴까요? 인간적인 사람은 모두 바보가 되어야 할까요? 선거 입후보자들은 자기가 '제일 적임자'라고 악을 씁니다. 진정 그들이 '제일 적임자'일까요? 아전인수가 아니면 자만심이 과대망상으로 발전한 것입니다. 진정 사랑할 마음이 준비된 사람들은 바보라는 핀잔을 들을지라도 "내 탓이오" 할 것입니다. 당신이 오늘 '내 탓'으로 '사랑'을 실천한다면 충분히 복 받을 자격이 있는 사람입니다.

아침 명상

38.

많다와 적다는 잣대의 눈금이 결정합니다. 본래는 많은 것도 적은 것도 아닌데 사람들은 양이 차지 않으면 적다고 하고, 양이 넘쳐야 많다고 합니다. 자기 잣대의 착각 때문입니다. 넘치면 기울어집니다. 적다고 생각할 때에 채우고 싶은 용기와 자기 갱신의 의지가 생겨서 유익한 사람이 되고, 사회를 발전시키는 동력이 됩니다. 사랑도 흥정할 수 없으며, 많고 적음 이전에 나를 기꺼이 내주는 사랑이 아름답고 향기롭고 소중한 열매를 거둘 수 있습니다.

아침 명상

39.

온갖 유혹을 치장한 꽃들이나 그 향기처럼, 새들이나 그들의 방울소리처럼, 어린 사자나 호랑이 새끼들처럼 아기들은 가장 아름다운 천사입니다. 아름다운 것들은 사랑 그 자체입니다. 만나서 사랑하므로 태어난 생명의 결정체이고, 아름다운 것은 모두 사랑의 절정에서 핀 꽃들입니다. 호응呼應과 교감交感으로 사랑이 싹틉니다. 사랑이 없으면 죽음과 다름이 없습니다. 그러니 사랑이 생명의 근원이고 본질입니다.

아침 명상

40.

나의 짝사랑은 풋내기 몸짓이었습니다. ‘촌스럽다’고 한다면 그 말은 나의 사랑 해법을 질정叱正하는 말일 것입니다. 소년에서 청년기까지 나는 몇 번의 짝사랑을 경험했습니다. 짝사랑은 나이와 더불어 옮겨 다녔습니다. 그때마다 나의 성장판은 키를 한 치씩 올려놓았을 것입니다. 청춘의 열병을 앓으면서도 나의 목표 지향성만은 변할 줄 몰랐습니다. 짝사랑은 결국 나를 견인하는 에너지였습니다. 사랑은 정신의 핵이지 오르가즘이 아님을 늙어서야 깨닫게 됩니다.

시 평설

만유 존재해체와 분열을 끝내고 새로 선언한 신성神聖 우주공화국, 또는 초인주의

— 대칭을 조화로, 대립을 융합으로 이끈 옹근 사랑

소 재 호 (시인)

1.

샛강은 큰 바다로 이어진다. 민물의 한 줄기가 염도 높은 쪽빛 대양에 이르러 그 양양한 바다의 물굽이를 헤아리려 한다는 것은 바로 불가해한 일의 극복에 대한 도전이고 모험이 아닐 수 없다. 어떻게 심해의 다양한 생태며, 해저 심층에 묻혀 있는 보물들을 탐색해 낼 수 있겠는가?

그렇다, 바다 그 천 길 밑바닥에 침잠해 있는 의미심장한 고요를 어떻게 건져내어 제대로 탐조할 수 있단 말인가? 이러한 탐색과 모험은 고작해야 해변에 가끔씩 다다르는 연파連波 몇 줄기로 바다의 신비한 숨결을 짐작해 보는 일

정도에 불과할 것이다.

문학평론뿐 아니라 대시인인 이운룡 선생의 그 큰 역량이 집결된 바다와 다듬어지지 않은 재능으로 통접通接하려는 필자의 의도가 애초부터 불미하고 불경한 시도였는지도 모른다. 그러나 어찌하랴, 사양조차 할 수 없도록 역할이 주어져버렸으니. 이제 어쩔 도리 없이 비문 졸속한 논리에 붙여 글의 맥락을 펼쳐갈 수밖에. 그래서 눌변을 연달아 잇는 논법으로 한참을 부끄럽게 일탈하고자 한다.

먼저 문학 비평의 한 방법으로 '아우라aura'라는 용어를 빌어 말하지 않을 수 없다. 아우라는 독일의 문예 비평가 발터 벤야민이 창안한, 문학을 재량하는 그의 예술 작품에 대한 관점에서 비롯되었다.

라틴어에서 아우라의 뜻은 공기라고 한다. 그리스신화에 등장하는 오로라에서 유래되었다는 것이다. 다시 '부드러운 바람' '메아리' '숨결' '호흡' '희미한 빛' '흔적으로서의 상' '영적인 기운' '미풍의 여신' 등으로 그 의미가 파생되어 왔다. 매우 다의적多義的이지만 특히 '생명을 지닌 영혼'이란 뜻을 가장 강렬하게 함의含意한다.

그리고 전통적, 고전적인 예술 작품에서 풍겨 나오는 아름다움을 거시적 의미로 아우라라고 일컫기도 한다.

더 부연하면 '예술적 대상에 담긴 생명력'이나 그 '영성'을 형용한다는 말로, 예술 작품에서는 아무도 흉내를 낼 수 없는 고고한 분위기를 일컬어 사용하는 말이다. 그러니까 사실 진리란 근본적으로 예술 작품의 생명이며, 그 내면에 정밀하게 안치되어 있는 영기靈氣가 아니겠는가? 이 때에도 진리는 승화된 아우라에 의해 예술적 본질을 표방한다. 유일무이唯一無二인 진리도 예술로 형상화된 과정에서는 많은 종속 변이까지를 거느리는 변용의 숲을 일으켜 세우기도 한다.

2.

이운룡 선생의 시 세계에선 만유 존재가 진정한 예술의 몸짓으로 둔갑하면서 새로운 실존을 거쳐 의미 있는 형과 상을 빚어내고 있다. 그리고 릴케나 워즈워드 아니면 타고르의 시풍으로 하여금 범신론적 영성이 흠뻑 배어 있는 것을 볼 수 있다.

고행을 지나 정좌한 부처의 후광처럼, 또는 예수의 피흘림 배경에서 빛살 쳐 내리는 하늘의 눈부신 성광聖光처럼 고결한 이미지를 후광後光으로 융숭하게 치장되어 있는 것이 선생의 시이다. 그 때문에 아우라라고 하는 도량형으로 선생의 문학세계에서 용출湧出하는 감동의 규모를 재량해

보는 일은 의미 있는 작업이라고 생각한다.

이는 또한 가시적 현상만이 아닌, 예술 작품의 깊은 내면까지 또는 우련한 역광逆光까지를 조망해 보아야 선생의 심오한 시 세계 그 광역廣域을 더듬을 수 있다는 뜻이기도 하다.

영감은 신비감과 한 고리를 맺는다. 욕계欲界나 색계色界를 지나 무색계無色界의 언저리로 다가서면서 정채精彩를 부리는 선생의 시경詩境은 웅혼雄渾한 영성을 갖추고 있다.

선생이 부려쓰는 언어 중에는 무지개의 경이로움도 펼쳐져 있다. 너와 나와의 사이에서 사랑이 탄생하여 그 신비한 영험으로 쌍무지개가 뜨기도 한다.

너와 나는 색계를 벗어난 차원 높은 아우라이며 사랑이고, 그래서 때를 만나게 되면 무지개가 하늘에 영롱한 화채花彩의 금을 긋게 한다. 무량대수의 물 알갱이가 온 하늘에 떠 있는데, 하필 천상계의 활 모양으로 일곱 색채를 띄운다는 것은 신비한 사랑의 잉태 과정과 무관하지 않다.

여기에 우주적 간섭과 섭리세계가 자연적으로 끼여든 것이 아니겠는가? 은은백백銀銀白白의 빛이 삼원색으로, 다시 간색間色, 간間의 간색을 모아 무지개가 서는 그 자체도 신비하지만, 파랑이 이웃에 빨강을 거느리지 않고도 그

둘의 간색인 보라를 옆구리에 낀다는 사실은 허공이 모두 빨강으로 숨어 있다는 전제가 아니고서는 이해하기 힘든 신비 현상인 것이다.

선생은 이처럼 보이는 것과 보이지 않는 것까지 소위 대칭과 대립의 융합까지를 시의 내면에 정치精緻하게 꾸며 놓고 있다. 그리고 이런 신비한 영상들을 감지하는 시인의 안목은 영명하다 이를 것이다.

선생은 다시 그런 색깔에서 소리를 읽고 의미를 깨치면서 그 너울거림의 어떤 운동까지를 간파한다. 무허無虛의 시공에서 만상의 실존을 궁구窮究해 내는가 하면, 다시 이를 해체하여 상상계上上界 차원의 상을 부여함으로서 어떤 경외심敬畏心까지도 품지 않을 수 없게 한다.

존재와 무, 유형과 무형, 유색과 무색, 빛과 어둠, 공간과 시간, 신과 무신, 작용과 반작용, 소리와 고요, 생과 사 등 이런 대칭, 대조, 대립의 상황들을 한 상관물 속에 묶어서 무대 위에 올려놓고 연출하는 이 시인은 그야말로 우주 저편의 '퀘이샤'에서 온 조화옹造化翁에 다름 아니리라.

또한 시인은 만상으로 하여금 많은 진화를 거치게도 한다. 결국 신성 우주공화국이 건립되고 난 영감의 변용은 누전과 감전의 수많은 전생轉生을 거쳐 다시 '시'와 '사랑'이라는 초인의 덕목을 비로소 달성한 것이 아닌가 하는 생각으로 집약된다.

이운룡 선생은 때마다 새로운 세계, 새로운 모랄moral을 제시하고 선언한다. 사랑이란 것도 남녀간의 연모의 대공 끝에 핀 사랑으로만 규착糾錯된 것이 아니라, 초인주의의 광활한 정신 영역까지를 관장하고 있는 사랑인 것이다.

그리고 또한 그의 사랑이란 한정된 의미를 넘어서서 만상의 실존이나 본질까지 그 형과 태를 해체하고 난 연후에 비로소 맺히게 되는 무색, 무취, 무형, 무중량의 순수 결정체이도 하다.

더불어 시인의 작업은 항상 선의지善意志, 선가치善價値를 지향한다. 말하자면 '햇살이 구겨지고, 햇살이 상처 나고'와 같은 기존의 형상들이 분열하고 난 뒤에 새가 햇살 한 올씩을 물어와 '따뜻한 둥지'를 변조해 내고 있는 정황과 상통하는 이미지를 표출한다. 손이 없는 새와 수족이 없이 태어난 호주의 희망 전도사 닉 부이치치 역시 동종의 이미지로 연계되어, 희망과 생명이 눈부신 '사랑'의 세상을 연출하는 등 선생의 패러디나 패러독스는 절묘하기 그지없다.

선생은 다시 대칭 또는 대립 현상이나 운동과 역동이 합일하는 화학적 융합에 대하여 그에 알맞은 시적 화두를 스스럼없이 꺼낸다. 미술의 수사학적 이론에서는 진정한 아름다움, 즉 미의 조건으로 형상의 '대립과 조화'라는 용어를 사용하고 있다. 말하자면 키 솟은 나무와 펑퍼짐하게 옆으로 퍼져 있는 나무가 서로 어울려 있어야 아름다운 조화가 이뤄진다는 개념이다. 이질적 색채가 서로 보색이 되는 이치도 매한가지이다.

선생의 시어들은 이와 같이 사뭇 이질적인 사물과 그 질료들이 모여 우렁차게 소리치며 한 골짜기로 몰려든다.

대칭 양손이 서로 다른 기능과 역할을 수행하다가 손을 맞잡았을 때에 '반짝 몸꽃'이 터뜨려지는 변증법적 논리 구조나, '몸꽃물 들어 하늘이 발개지고… 몸과 손이 풀어졌을 때' 천 리를 두고 '퍼붓는 하늘의 향기'와 같은 표현은 충분히 충격적이다.

하늘의 향기가 진동하는 세상은 시인의 비방으로 빚어낸 비경인 것. 양손의 대립과 합일, 양손의 운동과 반운동, 그리고 서로 맞잡음, 그리고 '하늘이 발개지는' 진화 과정 등은 점층적으로 우주의 운행으로까지 번져나가다 느닷없이 점강법으로 급하게 하강하여 '더욱 짙은 당신의 향기'로 치환되는 반전, 그야말로 절묘하다 아니 할 수 없다.

「당신의 향기」에서 '향기'는 선생이 쏟아 붓는 모든 시상이 응결되고 응축되어 생명력을 내포한 진수이다.

우주의 대단한 번창이 화집점火集點을 통하여 한가운데 정수리에 와서야 이 세상에는 아예 없는 신비로운 '향기'가 되는 것이기 때문이다. 선禪에 다가선 선생의 '짙은 고요'는 초인이 주재하는 이상적인 세계이다.

마치 식물의 엽록체에서 빛과 물과 대기 중의 이산화탄소 등을 끌어내어 광합성을 일으키는 현상처럼, 이질적 질료 들이 빚어내는 포도당 합성법이 바로 선생이 추구하는 시 창작의 비법이라 할 수 있으리라.

3.

감히 설평說評하건대, 선생의 옛날 시는 교과서적이었다. 시학의 발원이었다. 그리하여 한 시대를 풍미할 시경詩境을 건설했다. 시풍이나 이미지나 회화적 묘사가 그러했고, 테크닉이 그러했다. 언어의 형상화 문제를 이해하려면 선생의 시를 정독함으로서 더욱 가능했다. 그런 터전 위에 건설한 선생의 자유자재한 시적 변용에 대하여 필자는 찬평讚評했다. 왜냐하면 다양하게 발육되는 선생의 시 제재들이 외연外延의 탈을 벗고, 같은 DNA끼리 내밀하게 연계된 인상주의 기법으로 큐비즘의 입체 조형을 만들어왔기 때문이다. 그는 또한 시의 새로운 신성 제국을 선언했다. 그 선언은 바람의 영토를 선언하는 격렬한 깃발의 몸짓과도 같은 것이었다. 작금에 와서는 더욱 심화되어 인간 세상에서 분기한 모든 주의主義들로 누렇게 변색된 헝겊쪼가리를 끌어내리고, 선명 하고 신성한 깃발을 다시 내건다. 바람의 영토는 푯대의 고정 불변으로 제자리에서만 맴도는 것이 아니고 땅 끝, 하늘 끝까지 뻗어 오르며 펄럭이는 깃발의 이상세계를 향하여 치닫고 있다는 것을 느낄 수 있기 때문이다.

또한 모더니즘의 풍조가 변함 없이 정서나 주제에 알게 모르게 융합되어 있다. 이 점은 언뜻 지나쳐보려 해도 자꾸 시선에 끌리는 대목이기도 하다.

여기에서 『현대성의 경험』의 저자이며 미국의 현대예술 철학자 마샬 버먼이 말한 「굳어진 것은 모두 사라진다」라는 명제가 상기된다. 이 말은 인간의 합리적 이성에 대한 신뢰, 세계의 변혁 가능성에 대한 믿음, 삶과 존재의 유의미성, 진리의 절대성 등 우리의 의식 안에 여물어 단단하게 자리 잡고 있었던 기존의 고정관념이나 가치를 깨뜨리고, 신생의 변화와 진화세계를 도출해낸 이론이다. 그리하여 이운룡 선생은 기존의 시 세계에 붙박여 있는 도형, 형태, 음운 등 부분적인 것들의 치환을 통하여 희망과 절망, 생명과 죽음의 동시성을 섬뜩하게 인식케 한다.

미의 공간성, 구조의 공간성, 시간의 공간성이 바로 이런 논리의 전개 방법과 다르지 않다. 시 또한 현실의 직접적인 반영이 아니라 현실의 변형, 절대적인 것도 영원한 것도 아닌 시간의 혼재이며, 전위이며, 그 병치인 것이다.

따라서 공간도 자연 공간이 아니라 만물이 숨쉬고 있는 내적 공간이요, 의미의 공간인 셈이다. 이제 선생이 발표한 과거의 시 몇 편에서 이런 유형을 먼저 발췌해 본 다음 요즈음의 시 세계를 조명하고자 한다.

깨진 아침마다의 거울 속에 안 보이는 얼굴들이/삼삼오오 하루의 묶음 속으로 들어가…

—「활자」에서

어둔 영혼에 불을 댕긴다./살 속의 엉성한 뼈대/지나간 시간도 잘 보인다.…

—「명암」에서

어둠을 넘어 어둠으로 번지면서/가슴마다 켜 놓은 어제의 등불/마지막 혼의 불빛마저 깊이 잠긴다.…

—「모딜리아니」에서

혼자 남은 외로움을 넘어/이층에서 굴러 떨어진/서울의 아기별…

―「아기별」에서

우리의 의식의 잠꼬대를/억세게 물어뜯고 가는/저 밤 열차…

―「밤 열차」에서

빛은 소리 없지만/천둥소리가 있다/빛의 소리, 허무의 뼈 부딪칠 때/그 뼈아픈 소리/ 모두가 나의 허무 혼이다.

―「허무혼」에서

깊이 빠지는 허공 한 점도 부리고/바라보니 영겁의 끝 자락에 걸린/영정 하나…

―「영정」에서

고요한 무욕의 밤이 밝고 참 맑다/이 세상 비워낸 바람 한 점/풍경 속으로 가볍게 몸 밀어 넣자/어깨를 툭 부딪치곤/슬픈 청상의 절개가 흔들리더니/무심을 깨우려는 듯 쨍그렁 쨍그렁……

―「풍경은 바람을 만나면 소리가 난다」에서

4.

노년에 이르러 선생의 시에서는 니체의 초인주의가 읽혀진다. 초인은 인간의 불완전성이나 제한을 극복한 이상적

인간상을 표방한다고 한다. 니체는『짜라투스트라는 이렇게 말했다』에서 '신은 죽었다'고 선언했다. 인간의 위선 또는 덕의 노예성이나 서구적, 기독교적 인간상을 벗고 인간 본연으로 나아가며, 신을 대신하는 모든 가치의 창조자로서 풍부하고 강력한 생의 실현을 도모해야 한다고도 말했다. 그런 의미에서 이운룡 선생의 시 세계에서는 이미 '허무'를 극복했다는 점도 깊이 생각해야 할 특성 중의 하나이다.

몸은 죽음에 맡겨야 깨끗이 산다. 그것이 해탈이고 무소유의 완성이다. 눈귀를 열면 잡것들이 침범한다.//사랑이란 하늘이 정한 영원한 초법超法…

—「보다 진지한 초법」에서

신神이 선생의 시에 가끔 등장하지만, 그의 신들은 그리스 신화에서처럼 완벽한 전지전능의 권능을 부리지 않는, 인격화된 현존의 신들로 구분된다. 삼라만상과 신과 나는 우주라는 무대 또는 그런 배경 아래에서 함께 울력해 가는 종속변인에 속한다고 볼 수 있을 것이다.

또한 특히 근자에 들어 산문시 형태를 드러내고 있다. 유형은 그러하지만 행 하나, 하나가 응축된 완성미를 구축하고 있으면서도 그 무엇인가를 선언하는 도식을 마다 하지 않는다. 이제 근래에 발표한 시들을 조명해 보기로 한다.

초록 햇살 잘근잘근 씹어 삼키다 과식하여 향기가 세포 마다 단단히, 촘촘하게 박혀 있다. 햇살의 붉은 향기를 아삭 베어 물어 하늘의 육질을 깨무니 하늘 맛이 상큼 달다. 하늘 맛, 햇살 맛이 달디 단 것은 사과하늘이 제 살갗 실컷 태운 천기누설 때문이다.

—「사과」에서

생물에서 미토콘드리아는 세포의 호흡 작용을 운용하면서 ADP와 무기인산으로부터 ATP를 합성하고, 그것은 또한 DNA와 RNA를 함유하고 있어서 세포질 유전에 관여하는 진핵 세포의 알갱이 기관을 좌지우지한다.

또 한편 녹색식물이 빛 에너지를 이용하여 이산화탄소와 수분으로 유기물인 전분과 당의 화학물질을 합성하는 것을 광합성이라 한다.

위의 시는 시각 감각인 초록 햇살이 질량 감각의 질료가 되고, 다시 취각 감각인 '향기'로 환치되어 일종의 줄기세포 구조를 형성하고 있다. 그리하여 공감각적共感覺的 이미지를 구사하고 있는 시이다. 이는 다시 붉은 햇살의 향기를 베어 물어 '상큼 달디 단' 미각 질료를 생성케 한다.

그래서 '하늘 맛'과 '햇살 맛'이 지상의 '사과하늘' 세계로

접속된 것을 읽을 수 있다. 오각, 오감이 다 동원된 것이다. 여기에서 기존의 개념, 감각, 이미지가 완전히 해체되고 만다. 이윽고 '사과하늘'이 펼쳐진 것이다.

사과와 하늘은 하나의 통합적 상관물로 병치된다. 그리 하여 존재와 무가 일체가 되는 자연스런 이변(?)에 우리도 모르게 함몰되고 만다. 이질적 질료들이 융합되어 곱고 예쁘고 달디 단 우주 한 알로 변환되는 이러한 시적 광합성은 선생의 시에 있어서 새로운 '종種의 기원'을 이루고 있다 하겠다.

손과 손을 맞잡았을 때, 반짝 몸꽃을 터뜨렸을 때, 쓰러져 몸꽃 심경心經을 읽었을 때, 몸꽃물 들어 하늘이 발개졌을 때, 그런 다음에 몸과 손이 풀어졌을 때, 천 리 밖으로 멀어졌을 때, 그 사이 퍼붓는 하늘의 향기.

더욱 짙은 당신의 향기.

—「당신의 향기」에서

이 시는 그 서술 방법이 산문 문장의 한 종류인 서사문敍事文과 같이 동작, 상태, 색조, 현상, 감각 등이 우주적 연출을 원용해 연쇄적인 시간차 배열로 서술되어 있다.

시간의 공간화, 구조의 공간화, 다시 시간의 전위 등으로 인해 지적으로 묘사된 이미지즘의 형상이 명쾌하게 드러나 보인다. 일종의 자연 순응과 질서에 의한 조형미인 셈이다.

또한 변증법적으로 상황이 전개되기도 하고, 적절하게 연을 바꾸면서 '당신의 향기'로 귀의한다. 충격적인 감동이다.

사랑은 빛을 타고난 신의 전율이다. 신의 눈빛이 세상을 밝혀주었듯이 사랑은 빛 가운데 진화하고 처음부터 가슴 속 풍경을 만들어 나에게 한 생을 선사했다.

흙을 만지고 두들기다보니 청자가 나왔듯이, 물감을 비비고 치대다보니 그림이 되었듯이, 세상을 향해 양손을 흔들다보니 저절로 춤이 되었다. 소리를 만지고 다듬다보니 노래가 흘러 나왔듯이, 오랫동안 사랑을 만지고 품안에 넣어 굴리다보니 나의 시가 되고 사랑이 시를 품었다.

사랑은 신의 누전이며, 당신과 나로부터 영원의 끝으로 감전된다.

—「사랑이 詩를 품다」 전문

이 시는 여러 정황으로 보아 대표적인 작품인 듯하다. 수사법상 직유를 묶어 은유로, 은유를 묶어 상징으로 잇대어져 연쇄적인 비유와 점층적 테크닉이 총망라되어 있음도 보게 된다.

자연 만물의 예술적 선의도善意圖와 인간 행위의 합일로 이뤄낸 세계는 결국 '신과 나와 당신, 시와 사랑과 영원'의 총화일 것이며, 처음에는 전율로 시작되어 누전으로, 누전에서 감전으로 전이轉移를 거듭하면서 이미지가 역동적으로 소용돌이친다.

이토록 이질적 형질들이 융합된 전기轉機에 의하여 신성한 우주공화국이 선언된 셈이다. 그리고 우주적인 존재의 최고 덕목이 '사랑'에 있다는 것도 새겨두어야 할 명제이다.

비로소 억겁 매듭 하나 '내 사랑 당신'이란 말이 봉오리 맺혀 하룻밤 사이 동백꽃 흐드러졌으니

사랑이 붉게 탄 그 날 밤엔 세상도 우주도 참 따뜻했을 것입니다. 마애불 눈썹 끝에 매달려 팔랑팔랑 흔들렸을 바람 소리 휘어잡고 물어 보세요. 그들의 사랑은 억겁 인연의 매듭이었던 것을!

—「마애불 설화」에서

무한 불가사의 변곡變曲을 지나고 억겁의 인연을 거쳐 상상계上上界의 꼭지점에 다다른 '내 사랑 당신, 동백꽃'이 얼마나 아름답고 순수하며 또한 '내 사랑 당신'의 신성한 사랑과 그 '봉오리 맺힘'이 얼마나 감동적인가! 여기에서

온 천지 만물의 운동과 우주의 섭리가 하나의 '매듭'을 위해 배려하고 간섭하고 작용했을 것이란 유추가 가능해진다. 칸트는 이렇게 말했다.

신이란 인간이 유추해 낸 최상의 개념이라고. 그런데 이 시에서만은 우주가 곧 신이라고 환언해 볼 때에, 신이란 인간 사랑의 승화를 위한 한 요체요 형이하학적인 개념으로 이해된다. 그래서 시적 자아는 초인주의, 바로 그 초인의 반열에 오른 것이 나 다름없으리라. 왜냐하면 시인의 혼신이 사랑이라는 이름으로 붉게 맺힌 꽃봉오리이기 때문이다.

이것이 한 송이 동백꽃인 동시에 모든 군더더기를 배격하고 돌연히 지고지순한 존재로 승화된 사랑의 다른 모습이 아닐까. 불교적 윤회나 연기설을 거느리고 있지만 이것들은 가만히 숨죽이고 있는 하나의 '매듭'을 위한 배경일 뿐이다. 그것은 〈억겁 인연의 매듭 = 붉은 동백꽃 = 따뜻한 세상과 우주〉, 이런 등식으로 성립되어 있기 때문이다. 참으로 감동에 감동을 더한 시이다.

청산은 지금 어디 있는가? 집안에 있네. 안방에 있네. 아니 내 안에 있네. 청수는 지금 어디서 흐르는가? 집 안방, 내 안에 흐르네. 청천이 보이는가? 마음이 청천이네.

푸를 靑, 맑을 淸, 갤 晴, 사람이 문제이네. 靑淸晴이 정답이네.

그렇지 않은가?

—「황산黃山 안부」에서

참 재미있는 풍자요 역설이다. 문답법을 비롯하여 그 기교가 다양하고 시의 자양분이 풍부하다.

또한 교훈적인 울림이 크다. 한시의 압운법도 끼여들어 있다. 아니 폴 발레리가 말한 음과 의미의 상등성相等性이나 음운의 전조轉調와 서창조敍唱調의 율격도 내비친다.

'내 마음이 곧 불심'이라든가, '있음이 없음이요'라든가, '거기가 바로 여기'라든가 하고 불경 몇 자락을 무심히 스치고 지나가는 듯한 느낌이 든다.

노자의 "하늘은 놓침이 없다"는 말이나 '천망회회 소이불루天網恢恢疏而不漏'가 뇌리를 퍼뜩 스치고 지나간다.

'스스로 그러한 대로'의 청담淸談을 주문하는 노자의 손짓도 보인다.

가슴 속 산골짝 불질러 가자. 불타는 산은 아름답다. 풀 나무 바윗돌 뿌리 캐내고 마음 일구는 화전민이 되자. 씨앗 대신 사랑을 뿌리자 (중략) 사랑만이 죽음을 이기고 사는 지상주의 신의 말씀이다.

—「화전시편火田詩篇」에서

당신과 나를 태우는 불, 사랑은 불꽃의 절정에서 핀다. 사랑은 웃다가 울다가 벌벌 타오를 수밖에, 발 없이도 온 산을 태울 수밖에, 그 불 지나고 나면 초록이 눈 뜰 수밖에, 당신과 내가 초록일 수밖에, 사랑은 마침내 불씨로 눈뜰 수밖에,

그러나 사랑이란 풀뿌리 나무뿌리를 헤치고 당신과 나를 재와 섞는다. 풀 향기는 싹을 틔우고 마지막에는 사랑의 신화를 낳는다.

—「발 없이 뛰는 불」에서

두 편의 시를 함께 인용했다. 생사 문제를 동일 시점 위에 놓고 보는 섬뜩한 인식은 모더니즘의 격식에 가깝다. 사랑의 불로 자연과 인간 성정을 모두 해체하고 소진시킨 뒤에, 더불어 시공이 한 틀 안에서 요동치게 한 다음 새로이 일어나는 초록의 번무繁茂를 배설하고서야 의연히 솟는 초인을 우리는 여기서 만나본다. 오직 사랑이라는 절대의 덕목을 휘둘러서만이 가능한 성취이다. 한용운 시인이 남긴 "타고 남은 재가 다시 기름이 됩니다"라는 시구처럼 선생의 정서나 메시지가 한용운 시인과도 일맥상통한다.

빛의 알갱이는 캄캄했을 것이다. 하지만 어둠과 빛의 경계를 지우지 못한 사랑은 항상 어두웠을 터.

가을 햇볕 속에는 그늘이 산다. 사랑은 빛과 그늘 틈새에 있다. 경계를 지우면 사랑만 남는다.

몸과 마음의 집, 그게 사랑이다. 하늘과 땅과 목숨이 집이고 집 없는 사람의 집이다. 사랑이 집이다. 관계는 그렇게 맺는다. 경계를 지운 틈새, 물과 얼음 사이 깊은 관계가 사랑이다.

—「관계」에서

이어령 선생이 사람의 '몸집'에 대하여 강연하는 내용을 들을 기회가 있었다. 집은 영혼을 담고 있다는 상징적 논리, 거기에 한국인의 보편적 철학이 담겨 있다는 찬사였다.

수많은 세월 동안 자연 법칙이 어떻게 운용되었든지 간에, 금맥金脈에 갇혀 있던 금사金莎가 장강長江을 따라 흘러가다 모래는 어레미에 걸러지고 그 다음에야 사금을 얻는 이치와 같이, 위의 시 「관계」에서 암시된 바의 빛과 어둠도 걸러지고, 물과 얼음도 걸러지고, '몸과 마음의 집' 또한 그 경계가 걸러지고 나야 반짝반짝 '사랑'만 남는다고 하는 세계관을 엿볼 수 있지 않은가.

처음에는 상반된 것들의 울력으로 태동한 사랑이었다가 무엇인가를 지우는 작업을 통해 숨은 사랑이 스스로 걸어

나오는 형국이다.

"빛의 알갱이가 캄캄하다"는 가설은 많은 것을 함유한다. '진공은 오히려 소립자들의 동물원'이라는 물리학적 방증도 이와 통한다고 볼 수 있다.

5.

끝으로 이운룡 선생의 시는 "자자이 비점批點이요, 구구이 관주貫珠로다"라는 옛말과 견주어 봐도 무례한 일이 되지 않을 것이다. 그런데도 어찌 보문寶文 진보珍寶를 다 들추어낼 수 있으랴. 하지만 노경에 이르러 시가 좋아졌다는 평을 받은 분이 서정주 시인이었던 점을 상기하다 보면 나이를 극복한 이운룡 선생의 근래의 시와 시작 태도가 문득 떠오르게 된다.

두 시인의 심화 숙성된 열정과 시 세계와 창작상의 본태本態를 비교해 본다는 것은 꽤 흥미진진한 일이 될 것이다. 하여 지금까지의 선생의 경이로운 창작 정신을 다시 한번 높이 칭송해 마지않는다. 선생은 시간과 공간을 구별하지 않고 긴장을 놓지 않은 채 신성한 무엇인가를 꾸준히 선언해 왔다. 그러면서 의미심장한 아우라aura를 연출하고 있다. 이로써 시가 깊고 참신하고 아름답다는 몇 마디로

종결하고자 한다.

필자의 짧은 안목에 의한 시 세계 조명을 송구스럽게 생각하며, 선생의 만강 질주를 기원하는 바이다.

내 생각을 담아보세요.
TO
MY HEART

내 생각을 담아보세요.
TO
MY HEART

사랑이 詩를 품다

1판 1쇄 인쇄 | 2011. 3. 10
지은이 | 이운룡
펴낸이 | 박남권, 이소연
발행처 | 한국문학예술
등록번호 | 서울 바 03272(2002. 9. 18)
주소 | 서울시 중구 충무로 4가 127-6
TEL | 02-777-5522
카페 | http://cafe.daum.net/KLA7
E-mail | kla7@hanmail.net

값 12,000원

ISBN 978-89-965517-5-1

• 이 책은 전라북도 문예진흥기금 지원금을 받아 출판했습니다.